교회가 가르쳐주지 않은

성경의 역사

성경의 역사

교회가 가르쳐주지 않은

THE
HOLY
BIBLE,
Conteyning the Old Testament,
AND THE NEW.

Newly Translated out of the Originall
tongues: & with the former Translations
diligently compared and revised, by his
Maiesties speciall Cōmandment.

Appointed to be read in Churches.

Imprinted at London by Robert
Barker, Printer to the Kings
most Excellent Maiestie.

ANNO DOM 1611.

정기문 지음

아카넷

성경에서 지워진 글자들

　기독교의 창시자인 예수는 "내가 율법서나 예언서의 말씀을 폐지하러 온 줄로 생각하지 마라. 폐지하러 온 것이 아니라 완성하러 왔다. 진실로 너희에게 말하건대, 하늘과 땅이 없어진다고 해도 율법서에서 가장 작은 글자도, 심지어 점 하나도 없어지지 않고 다 이루어질 것"이라고 말했다(마태 5:17~18). '율법서와 예언서'는 구약성경의 핵심 문서들이다. 그렇다면 예수는 구약성경의 모든 규정과 예언들이 일점일획도 없어지지 않고 다 이루어질 것이라고 선언하고 있는 셈이다. 대부분의 기독교 신자들은 신약성경도 마찬가지라고 여기며 신구약을 불문하고 성경의 모든 말씀이 고스란히 다 이루어진다고 주장한다. 이런 주장이 전혀 근거 없는 것만은 아니다. 예수가 분명 "하늘과 땅이 없어진다고 해도, 내 말은 없어지지 않을 것"이라고 말했기 때문이다(마태 24:35).

　그런데 오늘날 매우 기이한 일이 벌어지고 있다. 신약성경의 말씀들이 다 이루어지기는커녕 그 말씀들 즉 성경 본문이 날이 갈

수록 '줄어들고' 있다. 어제까지 멀쩡히 있던 본문에 어느 날 갑자기 '없음'이라는, 또는 '삭제할 것을 고민 중'이라는 표기가 붙고 있는 것이다. 신앙이 독실한 기독교 신자들은 도대체 무슨 헛소리냐고, 신성한 성경을 모독하지 말라고, 성경은 하느님의 영감으로 쓰였기 때문에 일점일획도 바뀔 수 없다고 과연 성을 낼 만한 일이다.

그러나 엄연한 사실이다. 성경에 조금이라도 관심이 있는 사람이라면 너무나 쉽게 확인할 수 있다. 가지고 있는 성경을 펼쳐서 꼼꼼히 읽어보기만 하면 된다. 어떤 구절에는 내용이 하나도 실려 있지 않고 '없음'이라고만 적혀 있다. 2006년 한글 개역개정판을 들춰보면, '없음'이라는 단어는 〈마태오 복음서〉에 3회(17:21, 18:11, 23:14), 〈마르코 복음서〉에 4회(9:43, 9:46, 11:26, 15:28), 〈루카 복음서〉에 2회(17:36, 23:7), 〈사도행전〉에 3회(8:37, 15:34, 28:29), 〈로마 신자들에게 보낸 서간〉에 1회(16:24) 나온다. 이 13개의 구절은 원래의 성경에 없었다는 사실이 너무나 명백해서 다른 번역 성경들에도 모두 '없음'이라고 표기되어 있다.

성경의 판본이 어떻게 변해왔는지를 모르는 사람들은 '없음'이라는 글자를 보고는 성경이 2천 년 전에 쓰였으니까 원본이 사라지고 없어서 그렇게 표기했겠지 생각하기 쉽겠지만, 최초의 그리스어 인쇄본 성경인 에라스무스의 1516년판 신약성경이나 17세기 초 영국에서 만들어진 킹 제임스 판본 성경을 보면 해당 구절들의 내용이 멀쩡히 다 들어 있다. 문제의 그 구절들에 '없음'이라는 표기가 붙은 것은 19세기 이후 발전한 필사본 연구 결과다. 성경 원문 연구가 활발해지면서, 성경에 수많은 이문異文, 즉 동일한 부분이지만 필사본마다 내용이 다른 것이 있으며, 현재 교회에서 사용하고 있는 성경 본문 가운데 어떤 구절들은 고대의 '좋은' 필사본에 없었다는 사실이 밝혀졌다. 기독교 지도자들과 성경 편찬자들은 이 같은 성과를 수용하고는 고대의 좋은 사본들에 없었다고 너무나 명확하게 밝혀진 구절에는 '없음'이라고 표기했다. 게다가 20세기 이후 성경 원문 연구가 더 발전하면서 '없음'이라고 표기해야 할 구절들이 점점 더 늘어만 가고 있다.

도대체 어쩌다 이런 일이 일어났을까? 원래 신약성경의 저자들은 자기가 거룩한 경전을 쓰고 있다고 생각하지 않았다. 그때그때의 상황에 따라서 자기 의견을 피력하는 글을 썼고, 나중에 자기네 글이 신앙의 참고 자료로 예배와 교육에 이용되기를 바랐을 뿐이었다. 이렇듯 신약성경에 포함된 문서들이 집필 당시에 '성경'이 아니었기에 2세기 중반 이전까지는 신약성경이 하느님의 신성한 말씀이라고 생각하는 사람이 아무도 없었다. 그렇다고 초기 기독교 신자들이 장차 신약성경에 포함될 문서를 권위가 전혀 없는 평범한 문서로 여겼던 것은 아니다. 그들은 예배 때 구약성경을 읽은 뒤 복음서와 바오로 서간들을 읽었으며 새로운 신자를 교육할 때도 이 문서들을 사용했다.

그러다가 2세기에 와서 기독교 신자들이 늘어나면서 신약성경에 포함될 문서들에 대한 수요가 크게 증가했다. 따라서 많은 복사본이 필요해졌다. 그런데 복사기가 없었기 때문에 일일이 손으로 원본을 베껴 썼다. 원고를 손으로 직접 베껴 쓰는 작업을 필사라고 하는데, 그 과정에서 당연히 의도하지 않았던 변경이 일어나기 마련이다. 아무리 정신을 집중해서 조심스럽게 베껴 쓴다고 해도 적어도 '눈과 귀의 실수'로 인해서 원본을 잘못 필사하는 일이 발생하는 것을 막을 수는 없다. 가령 한 절의 끝부분과 다음 절의 끝부분이 같을 경우 착시 현상이 일어나게 된다. 예를 들어, 어떤 사본에는 〈루카 복음서〉 10:32 전체가 없다. 31절의 끝 단어와 32절의 끝 단어가 같기 때문에, 31절 필사를 마친 필사자가 착시 현상으로 인해서 32절 필사를 마쳤다고 생각하고 그냥 33절로 넘어간 결과다. 귀로 인한 실수는 필사자가 원문을 보고 필사하는 것이 아니라 낭독사가 낭독을 해주는 것을 받아쓰는 과정에서 일어난다.

이런 현상은 드문 일이 아니었다. 가령 〈루카 복음서〉 14:26 그리고 〈요한 복음서〉 17:15에서도 비슷한 현상이 관찰된다. 〈요한 복음서〉 17:15의 경우는 특히 흥미롭다. 이 구절의 원문은 "저는 아버지께서 그들을 이 세상에서 데려가시는 것이 아니라 사악함으로부터 지켜주시기를 기도합니다"이다. 그런데 어떤 사본 필사자는 이 구절을 "저는 아버지께서 그들을 사악함으로부터 지켜주지 마시기를 기도합니다"라고 잘못 필사했다. 아무 생각 없이 베껴 쓰는 데만 몰두하다가 이런 실수를 저질렀음이 틀림없다. 예수가 그렇게 기도하지는 않았을 것이기 때문이다.

이렇게 필사하면서 원문을 수정하는 것을 변개變改, change라고 하는데 '눈이나 귀의 실수'로 인한 것은 비의도적인 변개에 속한다.

비의도적인 변개가 고대에 매우 빈번했던 가장 중요한 원인은, 당시 글쓰기에서 대소문자의 구별, 띄어쓰기, 악센트 표시하기, 구두점 찍기 등이 전혀 이루어지지 않았기 때문이다. 상식적으로도 띄어쓰기가 이루어지지 않은 글을 제대로 읽기는 매우 힘들지 않은가? 특히 초기 기독교의 필사자들은 전문 필사자가 아니었다. 4세기 이전의 교회는 전문 필사자를 고용할 만큼 재정이 넉넉하지 않았다. 그래서 글을 겨우 읽을 수 있을 정도의 신자들에게 필사를 맡기곤 했다. 훈련받은 전문가가 아니었던 탓에 그만큼 실수도 많았다. 그런데 본문이 변경되는 가장 중요한 요인 중 하나임에는 틀림없지만, 이런 비의도적인 변개는 오탈자 등이 대부분이어서 쉽게 알아볼 수 있고 여러 필사본을 구해서 비교해보면 쉽게 교정할 수 있다.

진짜 문제는 의도적 변개다. 고대에는 필사 과정의 오류가 매우 많았던 까닭에 필사자들은 대본으로 삼은 원본이 잘못되었다고 여겨지면 맞게 고쳐야 한다고 생각하고는, 원본의 문법이 틀렸다고 판단되는 경우, 다른 성경 본문과 일치하지 않은 경우, 기존의 교리에 맞지 않은 경우 등등에 이런 변개를 감행했다. 저작권 관념이 확고한 오늘날에는 다른 사람의 작품을 함부로 바꾸거나 베끼는 것이 금기로 되어 있지만, 고대에는 이런 관념을 상상조차 할 수 없었기 때문에 이 같이 문서들의 변개가 빈번히 일어나곤 했다. 고대나 중세의 필사자들은 변개를 저지르면서 양심의 가책을 느끼기는커녕 이전 필사자의 오류를 바로잡았다고 자부심을 느끼기까지 했던 것이다.

초기 기독교 필사자들은 고대의 이런 관행을 그대로 물려받았다. 초기 기독교 필사본 연구의 대가인 알란드 남매Kurt Aland & Barbara Aland는 "필사자들은 그들의 기준에 따라서 텍스트를 자유롭게 교정할 수 있다고 생각했다. 이는 기독교의 초기 시기 즉 경전들이 아직 정경의 지위를 확보하지 못했던 1~2세기에 특히 심했다. 이 시기에는 기독교 신자들이 스스로 '성령의 영감'을 받고 있다고 믿었기 때문"이라고 지적했다. 1~2세기의 필사자들은 스스로 하느님과 직접 교감하고 있기에, 자기네가 사용하고 있는 신약성경의 원본에 문제가 있다고 여겨지면 '자유롭게' 바꿀 권리를 가지고 있다고 생각했다는 것이다.

성경 필사 과정에서 빈번히 일어난 변개는 현재 남아 있는 필사본을 대조해보면 금세 확인할 수 있다. 현재 그리스어로 쓰인 성경 필사본은 5800종이 넘는다. 그런데 어떤 것도 다른 것과 완벽하게 일치하지는 않는다. 이는 모든 필사자들이 알게 모르게 변개를 감행했음을 의미한다. 이미 고대의 기독교 신자들도 이를 잘 알고 있었다. 가령 3세기의 위대한 교부인 오리게네스Origenes는 이런 상황을 개탄한다.

사본들에 지나치게 많은 차이가 난다. 이것은 일부 필사자들의 부주의와 일부 필사자들의 뻔뻔함 때문이다. 그들은 자기들이 베낀 것을 한 번 더 검토하는 데 소홀하거나 아니면 점검하는 과정에서 자기 마음대로 말을 덧붙이거나 삭제해버렸다.

오리게네스의 말대로 고대의 성경 필사자들이 뻔뻔하게 변개를 일삼았기 때문에 성경의 원문은 세월이 흐를수록 점점 더 심하게 변개되었다. 이렇게 변개된 성경을 원본으로 삼아 편찬된 까닭에, 오늘날 우리가 사용하고 있는 성경이 처음 쓰였을 당시의 원문을 그대로 반영하고 있다고 믿는다면 지나치게 순진하거나 무책임한 처사일 것이다. 오히려, 앞으로 살펴볼 것처럼, 오늘날의 성경은 성경이 처음 쓰였을 당시의 본래 정신을 왜곡하고 반대의 의미를 강요하는 구절들을 많이 포함하고 있다.

19세기 이후 성경 필사본 연구 그리고 비평적인 성경 연구가 활발해지면서, 현재 우리가 지니고 있는 성경 본문 중 후대에 가필된 것, 원래 의미를 벗어나서 잘못 편집된 것들에 대한 논쟁이 활발하게 진행되고 있다. 기독교 지도자들은 이런 연구 결과를 받아들여서, 원문에 없었던 것이 확실한 경우에는 해당 구절을 삭제하고 '절 없음'이라고, 원문에 논란이 있는 경우에는 여러 부호를 이용해서 그 사실을 표기하고 있다. 괄호( ) 혹은 꺽쇠[ ]는 원문이 확실한지 논란은 있지만 확실하게 삭제해야 한다고 결론이 나지 않았다는, 이중 괄호(( )) 혹은 이중 꺽쇠[[ ]]는 원문이 아니었던 것이 확실하지만 교회 운영에 매우 중요한 구절이라 삭제하지 않고 있다는 뜻이다.

이렇듯 오늘날의 성경 편집자들이나 기독교 지도자들은 성경 본문이 안고 있는 문제점을 잘 알고 있으며 새로 성경을 편찬할 때 그간의 연구 결과를 반영하고 있다. 그렇지만 아직도 상당수의 보수적인 기독교 지도자들은 성경의 모든 구절이 글자 그대로 진실이기 때문에 일점일획조차 고치면 안 된다며 버티고 있다. 더구나, 진보적인 지도자들일지라도 성경의 본문이 변경되고 있는 사실을 자기네만 알아야 하는 '비밀'인 양 치부하고, 일반 기독교 신자들에게는 거의 말해주지 않고 있다. 그 결과, 대다수의 기독교 신자들은 오늘날의 성경의 모든 것이 처음 쓰였을 당시의 원문을 반영하고 있으며 글자 그대로 진실일 것이라고 믿는다. 이런 믿음은 성경에 대한 맹목적인 숭배를 낳고 기독교의 핵심인 예수의 참된 가르침을 왜곡한다. 예수의 가르침을 온전하게 이해하려면, 우리는 성경이 줄어들고 있는 현상 그리고 성경의 본문 가운데 어떤 구절들의 진정성이 의심되고 있는지 알아야 한다.

이 책에서는 성경 본문이 변개되어온 장구한 역사와 논란이 되었고 아직도 논란이 되고 있는 구절들을 살펴봄으로써 신약성경의 가치를 재평가해보고자 한다. 기독교 신앙을 전혀 접해보지 않은 사람도 쉽게 이해할 수 있도록 최대한 신학적인 논의를 자제했으며, 부득이한 경우에는 쉽게 설명하고자 노력했다. 이 작업을 통해서 성경은 인간이 만든 '텍스트'이며, 성경의 본문을 글자 그대로 해석하지 말고 그 의미를 새겨서 읽어야 한다는 사실을 깨닫게 될 것이다. 앞서 일반 기독교 신자들도 이 '가르쳐지지 않은 진실'을 알 필요가 있다고 말했지만, 사실 이 필요가 기독교 신자들에게만 해당되는 것은 아니다. 성경은 세계에서 가장 많이 발행된 책이고, 인류의 역사에 가장 큰 영향을 끼친 책이다. 그래서 고전 중의 고전인 성경을 이해하는 것은 모든 교양인의 몫이기도 하다. 이 책이 많은 사람이 신약성경의 의미를 다시 고민해볼 수 있는 계기가 되기를 기대해본다. 먼저 파피루스 사본 연구의 진행 과정과 비판적 성경 연구의 발달 과정부터 시작하자.

차례

일러두기

- 성경 인용문과 인명과 지명은 한국천주교주교회의 성서위원회가 편찬한 《성경》 (한국천주교중앙협의회, 2005)을 따랐다. 이 번역판이 그리스어 원어의 발음에 가장 가깝게 옮기고 있기 때문이다. 다만 문맥에 따라서 저자가 그리스어 원문에서 번역했다.
- 성경 인용문의 출처는 괄호 속에 약어로 표시했다. 신약성경의 각 편명과 약어는 다음과 같다.

마태오 복음서	마태	티모테오에게 보낸 첫째 서간	1티모
마르코 복음서	마르	티모테오에게 보낸 둘째 서간	2티모
루카 복음서	루카	티토에게 보낸 서간	티토
요한 복음서	요한	필레몬에게 보낸 서간	필레
사도행전	사도	히브리인들에게 보낸 서간	히브
로마 신자들에게 보낸 서간	로마	야고보 서간	야고
코린토 신자들에게 보낸 첫째 서간	1코린	베드로의 첫째 서간	1베드
코린토 신자들에게 보낸 둘째 서간	2코린	베드로의 둘째 서간	2베드
갈라티아 신자들에게 보낸 서간	갈라	요한의 첫째 서간	1요한
에페소 신자들에게 보낸 서간	에페	요한의 둘째 서간	2요한
필리피 신자들에게 보낸 서간	필리	요한의 셋째 서간	3요한
콜로새 신자들에게 보낸 서간	콜로	유다 서간	유다
테살로니카 신자들에게 보낸 첫째 서간	1테살	요한 묵시록	묵시
테살로니카 신자들에게 보낸 둘째 서간	2테살		

신의 말씀에서 인간의 책으로

1

에라스무스가 1516년에 출판한 그리스어판
신약성경 표지.

파피루스 신약 사본 최대의
출처인 옥시린쿠스 파피루스.

파피루스 사본의 발견

일찍이 르네상스 시기의 위대한 학자들은 신약성경의 원문을 확인하기 위해서 일생을 바쳤다. 신약성경의 사본에 대한 본격적인 고민은 에라스무스Desiderius Erasmus에게서 시작되었다. 그는 신약성경을 제대로 알려면 원어인 그리스어 신약성경을 발간해야 한다고 생각했다. 5세기 이후 서양인은 그리스어 성경이 아니라 라틴어 성경을 사용했다. 당시 서방 교회, 즉 북아프리카와 로마를 포함한 로마 제국 서쪽 지방의 최고 지식인이었던 아우구스티누스조차 그리스어를 잘 못했을 정도로, 이 지역에는 그리스어를 구사할 수 있는 사람이 거의 없었다. 로마 교회는 할 수 없이 히에로니무스Hieronymus에게 성경을 그리스어에서 라틴어로 번역하도록 명령했다. 그리고 그가 405년에 완성한 불가타Vulgata 성경 곧 대중이 사용하는 라틴어로 쓰인 성경이 서방 교회의 표준 성경으로 채택되었

다. 그런데 모든 번역 과정은 필연적으로 원어의 의미를 왜곡할 수
있다. 더욱이 5세기 초에 불가타 성경이 만들어진 뒤에도 수많은
필사 과정을 거치면서 변개가 발생했던 까닭에 유통되고 있던 불가
타 판본들 사이에서도 본문이 일치하지 않은 경우가 많았다. 말하
자면, 같은 불가타 성경이라고 하더라도 로마에서 사용하던 것과
독일이나 네덜란드에서 사용하던 것이 달랐다. 이런 상황이라서 신
약성경의 원문에 다가가서 본래의 의미를 정확하게 알려면 그리스
어 원어로 된 성경의 복원이 필수적이었다.

에라스무스는 이 과업을 수행하기 위해서 신약성경 필사본들
을 수집하고자 노력했지만, 중세 중기 이후에 작성된 소문자 필사
본 7개밖에 확보할 수 없었다. 그리스어 성경은 원래 모두 대문자
로 필사되었다. 고대에는 소문자라는 것이 아예 존재하지 않았다.
800년경 서로마 제국의 카롤루스 황제가 문화 진흥 사업을 펼쳤는
데, 왕실, 수도원 등에서 학자들이 고전을 필사하면서 소문자를 처
음 만들었다. 그러니까 소문자 필사본은 모두 9세기 이후에 작성된
것이었고, 작성 연대가 매우 늦은 탓에 정확도도 떨어지는 것이었
다. 심지어 에라스무스가 확보한 필사본에는 그리스어 원문이 소실
된 부분도 있었다. 가령, 〈요한 묵시록〉 필사본의 경우 친우이자 고
전학자였던 로이힐린Johannes Reuchlin으로부터 구한 것 하나밖에 없었
는데 그나마 끝부분의 몇 행(22:16~21)은 누락되고 없었다.

필사본을 추가로 구할 수 없었던 에라스무스는 후대의 관점으
로는 납득하기 힘든 매우 기이한 일을 저질렀다. 필사본에 없는 부

분을 공란으로 남겨놓지 않고 불가타 성경의 라틴어 텍스트를 그리스어로 번역해서 누락된 부분을 은밀히 보충했던 것이다. 약 300년이 지난 뒤 누락 부분을 담고 있는 그리스어 필사본이 발견되면서 신학자들은 비로소 그가 '기만행위'를 했다는 것을 깨달았다. 그렇지만 이 '기만행위'가 드러나기 이전 에라스무스의 그리스어 성경은 약간씩 수정되면서 계속 발행되었다. 특히 1633년에 엘제비어 형제 Bonaventura Elzevier & Abraham Elzevier는 에라스무스 성경을 저본으로 삼고 그 이후 여러 사람이 발행한 성경들을 참고해서 자기네 신약성경 2판을 발행했다. 그러면서 자기네 성경이 '변개된 글자가 하나도 없어 완벽하다고 모든 사람이 승인하는 '공인본문Textus Receptus'이라고 선전했다. 이 선전이 성공하면서 많은 사람들이 원문에 거의 가까운 완벽한 성경을 갖게 되었다고 믿게 되었다.

그러나 18세기에 벤틀리Richard Bentley와 락흐만Karl Lachmann은 공인본문의 기초가 된 비잔티움 계열의 사본들이 시대가 늦고 변개가 많이 이루어진 문서라는 것을 깨닫고, 불가타의 가장 오래된 필사본들, 동방의 오래된 판본들, 교부들의 저술을 통해서 신약성경의 본문을 좀 더 정확하게 복원하고자 노력했다. 이들은 신약성경의 필사본들에 수만 개 이상의 이문이 있다는 사실을 밝혀내서 주위 사람들을 놀라게 했으며, 공인본문이 완벽한 원문이 아니라는 인식을 확산시켰다. 19세기 후반에 티센도르프Constantin von Tischendorf는 이들의 연구를 계승하는 한편 새로운 사본을 찾기 위해서 혼신의 힘을 다했다. 그는 시나이 사본Codex Sinaiticus을 비롯해 18

개의 대문자 사본을 발견해내고는 공인본문의 오류를 비판했다. 대문자 사본이 기존에 사용하던 소문자 사본들보다 오래된 까닭에 성경의 원문에 훨씬 가깝다는 사실이 널리 알려지면서, 후대의 조잡한 필사본에 근거했던 '공인본문'의 시대는 막을 내렸다. 이후 성경 필사본이 새로 발견될 때마다 비평적인 연구 작업이 꾸준히 수행되고 성경 본문이 계속 수정되는 '비평본문'의 시대가 시작되었다.

19세기 후반 대문자 사본이 발견되면서 비평본문의 시대가 열렸지만, 양피지에 기록된 대문자 사본도 4세기 이후에야 작성된 것이었다. 이때 작성된 대표적인 필사본이 티센도르프가 시나이산에서 발견한 '시나이 사본', 그리고 로마의 바티칸 도서관에 소장되어 있던 '바티칸 사본Codex Vaticanus'이다. 그런데 4세기 기독교 지도자들은 이런 사본을 만들면서 성경이 처음 작성되었을 당시의 원문을 제대로 복원하지 못했다. 지금처럼 기독교가 위계 서열을 갖추고 조직되지 않았기 때문에 '성경 원문 확인 위원회' 같은 것도 만들 수 없었다. 더욱이 기독교가 공인되면서 갑작스레 많은 성경이 필요했기 때문에 당시 유통되던 필사본들에 의존해서 본문을 확정할 수밖에 없었다.

그러다가 19세기 말에 파피루스 사본이 대량 발견되면서 4세기 이후에 작성된 양피지 대문자 사본이 성경의 원문과 상당히 다르다는 것이 밝혀졌다. 파피루스 사본은 이집트에서 생산된 파피루스에 작성된 것으로 신약성경이 하나의 경전으로 묶이기 이전, 즉 4세기 이전에 신약성경을 이루는 각 문서들이 개별적으로 혹은 몇

권의 묶음으로 유통되던 시절의 원문을 보여준다. 파피루스 사본이 있다는 사실은 1778년 이집트의 파이윰에서 최초로 파피루스 사본이 발견되면서 알려졌다. 그렇지만 19세기 말까지는 발견된 양이너무나 적었을 뿐만 아니라 신약성경과 관련이 없는 문서가 많았기때문에 성경의 원문 연구에 큰 영향을 끼치지는 못했다. 1897년 이집트의 옥시린쿠스에서 46개의 파피루스 사본Oxyrhynchus Papyri이 발견되면서 본격적으로 파피루스 사본의 시대가 막을 열었다.

그 후 파피루스 사본의 발굴이 활발하게 이루어져 오늘날까지약 140개가 발견되었다. 이 같은 성과에 힘입어 연구 결과도 계속축적되어 20세기 중반 이후에는 성경 본문 연구가 획기적인 변화를 겪어왔다. 그 결과, 앞서 언급한 13개 구절 이외에도 잠시 뒤에자세히 소개할 여러 본문에 심각한 문제가 있다는 사실이 널리 인정되고 있다. 그리하여 20세기 후반 이후에는 아무리 보수적인 신학자나 기독교 지도자라고 해도 성경 본문에 심각한 문제가 있다는것을 인정하고, 문제가 있는 구절들의 삭제를 진지하게 고민하게되었다.

성경, 비평의 대상이 되다

16세기 초 루터Martin Luther가 종교개혁을 추구하던 당시에 서양의 세계관은 거대한 변혁을 겪었다. 중세를 주도했던 종교적, 신앙적 세계관이 무너지고 합리적, 이성적 세계관이 성장하고 있었다. 특히 1687년 뉴턴Isaac Newton이 《자연철학의 수학적 원리》를 발표하면서 세계가 하느님의 뜻이 아니라 자체의 법칙에 따라서 움직인다는 인식이 확고하게 자리 잡았다. 이런 인식은 17~18세기 계몽주의의 탄생으로 이어졌다. 계몽주의는 신앙이 아니라 이성으로 세계의 모든 것을 이해하고 설명하려고 시도했다. 기독교 신앙 그리고 기독교 신앙의 주춧돌인 성경 또한 오직 이성으로 파악해야 한다고 주장했다. 그리하여 성경과 그 내용에 대한 비판적인 접근이 싹트기 시작했다. 가령 철학자들 중에서, 홉스Thomas Hobbes는 《리바이어던》에서 모세 오경의 저자가 모세가 아니라고, 스피노자 Benedictus de Spinoza는 성경도 세속의 다른 책과 똑같은 방식으로 읽어야 한다고 주장했다.

이런 주장은 이후 계몽주의자들의 일반적인 견해가 되었다. 대다수의 계몽주의자들은 성경을 오직 인간의 '텍스트'로 읽으려고 했고, 성경 안에 존재하는 수많은 신비주의적이고 비이성적인 사건들과 진술을 터무니없는 미신이라고 비판했다. 이런 시대정신 가운데 역사비평적인 성경 연구가 탄생했다. 역사비평적 연구 방법은 "성경을 교회의 전통과 권위, 그리고 교리로부터 해방시켜 다른 세속적 문서를 취급하는 것과 똑같은 방법으로 연구하는 방법"을 의미한다.

역사비평은 17세기에 본격적으로 시작되었는데 초기에는 주로 구약성경 연구에 적용되었다. 최초의 선구자는 리샤르 시몽 Richard Simon이었다. 그는 《구약성경 비판사》(1678)에서 구약성경의 연대를 집중적으로 연구했고, 특히 모세 오경은 모세가 집필한 것이 아니라고 주장했다. 그 자신은 수도회에서 추방당하는 수난을 겪었지만 그 주장은 점차 사방으로 퍼져 나갔다. 특히 영국에서는 토마스 아이켄헤드Thomas Aikenhead라는 청년이 그의 책을 읽고 감동받아서 모세 오경이 모세가 쓴 것이 아니라고 주장하다가 18세의 어린 나이로 교수형을 당했다. 18세기에 역사비평은 고등비평이라고 불리며 발전했는데, 주로 구약성경의 성격과 연대, 문서로서의 특징, 구약성경에 나오는 기적들의 사실성 등에 논의가 집중되었다. 특히 프랑스의 성경 비평학자인 아스트뤽Jean Astruc은 〈창세기〉에 여러 문서, 즉 야훼 문서와 제사장 문서가 섞여 있다는 사실을 밝혀냈는데, 구약성경이 여러 문서의 편집물이라는 새로운 인식을 낳았다.

18세기에도 신약성경에 대한 역사비평 연구가 없지는 않았지만, 본격적인 연구는 19세기에 시작되었다. 연구를 주도한 사람들은 이른바 튀빙엔 학파다. 튀빙엔 학파의 창시자 가운데 한 명인 바우르Ferdinand Baur는 성경을 인간이 만든 텍스트로 보고, 성경 연구에 있어서 '저자가 누구인지, 저자의 관점과 목적은 무엇인지, 그가 관심을 가지는 논쟁점이 무엇이었는지'를 밝히는 것이 중요하다고 주장했다.

신약성경이 신학적으로 각색된 작품이라는 인식을 확립하는 데 바우르 다음으로 크게 기여한 인물은 브레데William Wrede다. 1901년 브레데는《하느님 왕국의 비밀─예수의 메시아 직분과 수난의 비밀》을 발표했다. 그에 따르면 〈마르코 복음서〉에는 해명하기 곤란한 사실들이 연달아 등장한다. 가령 예수가 신이한 기적을 거듭 행했지만 제자들은 예수의 정체를 깨닫지 못했고, 귀신들이 거듭 예수가 하느님의 아들이라고 말했지만 예수는 그 사실을 발설하지 못하게 한다. 이렇게 상식적으로 이해하기 어려운 사건이 반복되는 것은 저자가 '메시아의 비밀'이라는 주제에 맞추어 예수의 일생을 각색했기 때문이다. 〈마르코 복음서〉에 나오는 예수의 공생애 내용이 실제로 있었던 온전한 역사적 사실이 아니라는 주장이다. 그렇다면 복음서는 예수의 전기가 아니라 저자가 특정한 신학적인 목적을 가지고 기존에 전승되어 내려오던 이야기들을 편집하거나 새롭게 만들어 넣은 문학작품이나 다름없다.

바우르와 브레데가 확립한 신약성경 연구에 대한 시각은 이후 편집비평으로 이어졌다. 20세기 중후반에 보른캄Günther Bornkamm, 막센Willie Marxen, 콘젤만Hans Conzelmann을 비롯한 독일의 신학자들이 주도한 이 비평 방법론에 따르면, 성경의 저자는 전해 내려오던 여러 자료를 모으기만 한 것이 아니라 창조적인 작가의 입장에서 편집을 수행한 사람들이다. 이들은 주로 복음서들을 대조 분석하면서, 복음서들 사이에 존재하는 많은 차이가 각 저자마다의 신학적인 관점에서 기인한 것이라고 주장했다. 가령 〈마태오 복음서〉는 열두 제자를 소개하면서 베드로의 이름 앞에 '첫 번째'라는 부사를 집어넣었다. 다른 복음서에는 없는 단어인데, 〈마태오 복음서〉의 저자가 베드로의 권위를 높이려는 신학적인 의도로 추가했다는 것이다.

편집비평 연구에 의하면, 성경 각 권의 저자들은 자신의 관점에 따라서 이전 자료들을 창조적으로 재구성했고 때때로 기존에 없는 본문을 만들어내기도 했다. 그렇다면 복음서의 저자들은 기존 자료의 해석자인 동시에 새로운 표현과 내용을 추가했다는 측면에서 사실상의 창작자가 된다. 20세기 중반 이후 이 비평 방법론에 의해 많은 연구자들이, 신약성경의 저자들이 어떤 의도와 목적을 가지고 있었고 본문을 어떻게 편집하거나 창작해냈는지를 집중적으로 연구했다.

20세기 후반에는 편집 비평을 넘어서는 여러 연구 방법론이 등장했다. 특히 수사학적 비평, 설화비평, 독자반응비평 등이 발달했는데, 통틀어서 문학비평 혹은 문예비평이라고 부르기도 한다. 이 방법론에 의하면, 성경은 소설이나 에세이 등 문학작품과 비슷한 성격을 갖고 있다. 독자에게 메시지를 전달하고 설득하기 위해 성경의 저자들은 문학작품을 쓸 때 사용되는 여러 가지 기법을 사용했다는 것이다. 성경을 올바르게 이해하려면 바로 이 기법들에 대한 연구를 진척시켜서, 작품의 구조와 텍스트에서 사용된 문학적인 기법, 본문의 작성에 작성된 수사학적인 기법, 독자의 반응에 대한 고려 등을 집중적으로 분석해야 한다는 것이다.

이렇게 역사비평 관점이 성립한 이후 편집비평과 문학비평에 이르기까지, 성경을 세속의 문서와 똑같이 바라보고 이성적이고 비판적인 관점에서 이해해야 한다는 시각이 확고하게 자리 잡았다. 성경에 대한 이런 접근 방식은 성경이 인간이 만들고 편집한 텍스트라는 인식을 정착시켰다. 성경에 대한 비판적인 이해가 발전하고 성경 본문에 대한 필사본 연구가 많은 성과를 내면서, 성경을 새롭게 바라보고 원문의 진정성을 고민해야 할 필요성이 매우 강해졌다.

아직 지워지지 않은 글자들

최근 성경을 편찬하고 번역하는 사람들이 삭제를 심각하게 고려하고 있는 몇 가지 대표적인 사례들을 살펴보자. 기독교 신자가 되려면 반드시 주기도문을 외워야 한다. 주기도문은 예수가 신자들에게 가르친 모범적인 기도로 〈마태오 복음서〉 6:9~13에 소개되고 있다. 거의 모든 교회들이 예배 시간에 이 기도를 암송한다.

그런데 성경 판본마다 끝맺음이 다르다. 17세기에 편찬된 킹제임스 판본 성경에서는 '나라와 권세와 영광이 아버지께 영원히 있습니다'로 끝났고 옛날 한글 성경들도 그대로 따랐다. 그런데 오늘날 개신교 기독교 신자들이 사용하는 개역개정본이나 새번역본은 이 구절을 괄호 속에 넣어 놓았다. 사본 증거로 볼 때 논란이 심한 구절이기 때문이다. 가톨릭에서 사용하는 공동번역본도 이 구절에 괄호를 쳤는데, 친절하게 각주를 달아서 "후대의 사본들에만 이 말이 들어 있다"고 표기해 놓았다. 공동번역본 편찬자들도 그 구절이 원문에 없다는 사실을 인정은 하지만 예배에 사용해야 해서 삭제는 못하고 있는 형편인 것이다. 기독교의 가장 기본적인 교리를 알려주는 주기도문조차 이렇다.

또 다른 사례들을 살펴보자. 예수는 죽음을 앞두고 겟세마네 동산에서 기도했는데 얼마나 번민이 깊었던지 피땀을 흘렸다. 2세기 이후 기독교 지도자들은 〈루카 복음서〉 22:43~44이 전하는 이 기사를 매우 중요하게 생각하며 예수가 인간으로서 얼마나 번뇌가 컸는지를 보여준다고 가르쳤다. 그런데 필사본 연구가 활발해지면서 고대의 여러 좋은 필사본에 이 구절이 없다는 사실이 밝혀졌다. 오늘날 대부분의 전문 연구자들은 이 구절이 후대에 삽입되었다고 판단하고 있다. 이 사실이 널리 알려지면서 성경 편찬자들도 심각하게 받아들인 결과, 몇몇 성경 편찬자들을 이 구절을 삭제했고 다른 여러 편찬자들은 진정성에 의심이 가기는 하지만 삭제하기는 힘든 사정을 감안해서 괄호 속에 넣어놓고 있다. 이렇게 성경 편찬자들도 진정성을 의심하고 있고 거의 모든 전문 연구자들이 이 구절을 후대의 삽입으로 간주하고 있기에, 이 구절은 머지않아 성경 본문에서 사라질 것이다.

이렇게 번뇌 속에서 기도를 마치고 예수는 해골산이라는 곳에서 십자가에 못 박혔다. 〈루카 복음서〉 23:33~34에 따르면 그 고통의 순간에 예수는 "아버지, 저 사람들을 용서해주십시오! 그들은 자기가 하는 일을 모르고 있습니다" 하고 기도했다. 이 구절도 예전 성경들은 그대로 전하고 있지만 새번역본 성경은 이 구절을 괄호 속에 넣어놓았다. 이 구절 역시 성경의 원문에 없었다고 널리 인정되고 있기 때문이다.

기독교의 가르침에 따르면 예수는 생전에 율법을 폐지해야 한다고 가르쳤으며 여성의 인권에 대해서도 큰 관심을 보여주었다. 특히 예수가 간음하다가 현장에서 잡힌 여자를 구해주었다는 이야기는 그 근거로 널리 인용되어왔다. 이 이야기는 〈요한 복음서〉 7:53~8:11에 걸쳐서 자세하게 소개되고 있다. 복음서가 그리 길지 않은 문서라는 것을 생각해보면, 무려 12개의 절이 이 이야기를 소개한 것은 기독교 신앙에서 매우 큰 비중을 차지하고 있음을 보여준다.

그런데 이 이야기는 〈요한 복음서〉의 중요한 필사본에는 등장하지 않는다. 이 이야기가 후대에 삽입되었다는 사실은 이제는 너무나 널리 알려져서, 학계에서만 공유되는 지식에 머물지 않고 많은 기독교 지도자들이 받아들이고 있다. 가령, 새표준개역본New Revised Standard Version 영어 성경은 이중 꺽쇠와 각주를 사용해 이 이야기가 후대에 삽입되었다고 표기하고 있다. 또 한글 새번역본은 이 구절을 괄호 속에 넣었고, 한국천주교주교회의 주관으로 번역된 성경은 "〈요한 복음서〉 7:53~8:11은 많은 필사본, 그리고 여러 고대 번역본에는 없다"고 각주를 달아 놓았다. 오늘날 보수적인 신학자들조차도 이 구절이 후대에 삽입되었다고 널리 인정하고 있지만, 이렇게 유명하고도 그렇게 긴 이야기를 빼버리면 성경 모양새가 형편없어질 것을 염려해서 삭제해야 한다고 적극적으로 주장하지는 못하고 있다.

이렇게 뭉텅이로 빼야 할 구절들이 세 개나 더 있다. 연구자들 사이에서는 〈요한 복음서〉의 마지막 장인 21장, 〈로마 신자들에게 보낸 서간〉의 마지막 장인 16장, 〈마르코 복음서〉 16:9~20 등을 삭제해야 한다는 의견이 우세하다. 왜 이런 본문들이 성경에서 삭제되어야 하는지는 앞으로 자세히 살펴볼 것이다. 이렇게 성경에서 여러 구절들을 삭제해야 한다고 주장하면, 성스러운 경전을 폄하하는 신성모독 행위라고 말하는 사람이 있을지 모르겠다. 그러나 수없이 많은 경건하고 진지한 성경 연구자들 특히 필사본 연구자들이 르네상스 시대 이래로 이 작업을 수행해왔고, 19세기 말 이후에는 기독교의 지도자들도 필사본 연구 결과를 수용해서 성경의 본문을 해마다 조금씩 수정해가고 있는 것은 엄연한 사실이다. 이런 수정 작업을 부정적으로 바라볼 필요는 없다. 성경의 원문을 훼손하려는 것이 아니라 그동안 잘못 알려져왔던 원문을 복원하려는, 성경의 가치를 부정하는 것이 아니라 예수의 원래 가르침을 되살리려는 노력의 일환이기 때문이다. 이런 노력은 성경에 대한 비평적 연구의 도움을 받아서 앞으로도 더욱 진척될 것이다.

2

마태오 복음서는 없다

〈요한 복음서〉 2:13~22의 예수 성전 정화 사건을 묘사한 지오토Giotto di Bondone의
프레스코화. 예수는 예루살렘 성전에서 장사하던 장사치들을 꾸짖고 폭력적으로
쫓아낸다. 1305~1307년경. 이탈리아 파도바 스크로베니 예배당.

사복음서의 제목은 진짜일까

신약성경을 펼치면 가장 먼저 〈마태오 복음서〉, 〈마르코 복음서〉, 〈루카 복음서〉, 〈요한 복음서〉가 등장한다. 사복음서는 예수의 행적과 말씀을 기록한 것으로 기독교 신앙의 최고 근간을 이룬다. 기독교가 예수를 하느님으로 믿는 종교이기에 그의 말씀과 행적은 아무리 작은 것이라도 신자들에게는 무한히 소중한 것임에 틀림없다. 그래서 지금도 상당수의 신자들이 복음서의 내용을 글자 그대로 진실이라고 신봉하고 있다. 그런데 사복음서는 정말 믿을 수 있는 문서일까?

근대 신학의 탄생 이래 사복음서의 작성 연대와 진정성에 대한 많은 연구가 진행되었다. 그 결과 대부분의 학자들은 사복음서가 특정 개인이 아니라 공동체, 혹은 신자 집단이라는 의미에서의 초기 교회 구성원들의 공통 작품이라는 데 동의하고 있다. 또한 예수의 행적과 말씀을 있는 그대로 기록한 역사물이라기보다는 저자들의 신학적 관점에서 편집된 작품들이라고 생각하고 있다. 그래서 복음서들을 예수의 삶을 있는 그대로 전하는 증명사진이 아니라 저자의 시각이 진하게 묻어나는 '초상화'라고, 그 저자를 마르코나 마태오가 아니라 〈마르코 복음서〉 저자, 〈마태오 복음서〉 저자 등으로 부르곤 한다.

사복음서의 저자가 현재 표기된 마태오, 마르코, 루카, 요한이 아니라 그들이 속했던 공동체라면 〈마태오 복음서〉, 〈마르코 복음서〉, 〈루카 복음서〉, 〈요한 복음서〉라는 명칭은 어떻게 생겨났을까? 잔Theodor von Zahn, 하르낙Adolf von Harnack과 같은 19세기 연구자들의 비판적 연구 이래, 저자들 자신이 사복음서의 명칭을 붙이지 않았다고 통상 여겨지고 있다. 〈마태오 복음서〉, 〈마르코 복음서〉, 〈루카 복음서〉, 〈요한 복음서〉는 후대에 누군가가 의도적으로 붙인 '가짜 제목'이라는 것이다. 그런데 만약 이런 회의주의가 옳다면, 신약성경의 서장을 장식하고 있으며 기독교 신앙의 요체가 되는 복음서들이 정체불명의 문서로 전락할 수도 있다. 얼핏 보면 매우 과도해 보이는 이런 회의주의는 어째서 생겨났으며 왜 많은 학자들의 지지를 받고 있는 것일까?

무엇보다도 복음서들의 원본이 하나도 남아 있지 않다. 현존하는 가장 오래된 복음서 사본은 파피루스 사본 52인데, 기원후 2세기 전반인 125년에서 150년 사이에 작성된 것으로 〈요한 복음서〉 18장의 일부를 담고 있다. 사복음서를 모두 포함하고 있었던 파피루스 가운데 가장 오래된 것은 3세기 초의 것인 파피루스 사본 45이다. 게다가 사복음서의 정체성을 제대로 입증해주는 초기 문헌 자료가 없다. 초기 기독교 문헌 가운데 어떤 것도 사복음서의 존재를 언급하지 않다가 2세기 초에야 비로소 사복음서의 존재를 암시하는 글들이 등장하기 시작한다. 120~130년대에 히에라폴리스의 주교였던 파피아스Papias가 마태오와 마르코가 복음서를 썼다고 전하며, 150년대에 로마에서 활동했던 유스티노스Ioustinos는 사도들이 '회상록'을 써서 예수의 말씀과 행적을 전하고 있다고 말했다. 그렇지만 두 교부가 사복음서의 존재를 확실히 알고 있었다고 말하기는 힘들다. 파피아스는 사복음서 가운데 마태오와 마르코 두 복음서의 저자만을 밝히고 있고, 유스티노스는 〈요한 복음서〉를 언급한 적이 없기 때문이다.

이렇듯 사복음서의 원본이 남아 있지 않고, 2세기 중반 이전에 사복음서의 존재를 입증하는 문서가 없기 때문에 사복음서의 저자나 저작 시기는 이른바 내적, 외적 비평을 통해서 연구할 수밖에 없다. 간단히 소개하면, 내적 비평은 글의 내용, 맥락, 역사적인 배경을 논리적으로 분석해서, 외적 비평은 필사본의 상황, 필체나 단어의 용법 등을 분석해서 글의 진정성을 확인하는 것이다.

복음서 안의 모순들

사복음서가 제목에 명시되어 있는 저자들, 즉 예수의 제자였으며 세리였던 마태오, 베드로의 동역자였던 마르코, 바오로의 동역자였던 루카, 그리고 예수의 가장 어린 제자였던 요한에 의해서 쓰이지 않았다는 사실은, 성경의 내적, 외적 요인으로 판단해볼 때 너무나 명확하다.

내적 요인으로 세 가지만 생각해보자. 먼저, 복음서들 사이에 너무나 큰 차이와 모순이 보인다. 몇 가지 사례를 들 수 있다. 〈마태오 복음서〉, 〈마르코 복음서〉, 〈루카 복음서〉는 동일한 관점을 취하고 있다고 해서 흔히 '공관복음서'라고 불린다. 〈요한 복음서〉는 공관복음서와 여러 가지 점에서 다른 시각을 피력한다. 가령, 공관복음서는 예수의 공생애가 마치 1년밖에 안 되었던 것처럼 묘사하고 있지만, 〈요한 복음서〉는 공생애 기간을 3년으로 서술하고 있다. 공관복음서에 따르면 예수는 공생애를 시작한 뒤 줄곧 갈릴래아 주변 지역에서 활동하다가 단 한 번 예루살렘을 방문했고 그때 십자가에서 죽음으로써 인생을 마감한다. 반면, 〈요한 복음서〉의 예수는 예루살렘을 여러 번 방문했고 공생애 3년째 마지막으로 예루살렘을 방문했을 때 죽음을 맞이한다.

이런 시간적 불일치는 이른바 '성전 정화' 사건에 대한 묘사에서 단적으로 드러난다. 성전 정화는 예수가 예루살렘 성전에서 장사하던 장사치들을 꾸짖고 폭력적으로 쫓아낸 사건을 말한다. 〈요한 복음서〉는 이 사건이 예수가 공생애를 시작한 직후에 있었다고 묘사하고 있다(요한 2:13~22). 반면 공관복음서는 예수가 수난을 앞두고 예루살렘을 방문했을 때, 다시 말해서 공생애 끝 지점에 있었

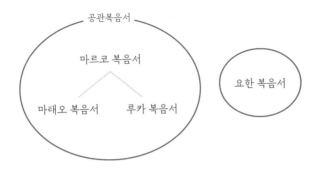

다고 말하고 있다(마르 11:15~19). 성전 정화 사건은 예수가 '폭력적인 인물'임을 부각시킨 계기였고, 그 때문에 유대교 지도자들은 예수가 대중 반란을 선동할까 우려해서 로마의 총독 빌라도에게 고발했다. 그런데 이다지도 중요하고 많은 관심을 불러일으켰던 사건이 공생애 초기에 있었는지, 아니면 끝 지점에 있었는지에 대해서 공관복음서와 〈요한 복음서〉가 다르게 진술하고 있다. 만약 예수의 공생애를 직접 지켜보았던 제자들이 혹은 그 제자들과 함께 활동했던 사람들이 사복음서를 썼다면 이런 불일치는 생겨나지 않았을 것이다.

　사복음서의 저자가 예수를 직접 모셨던 제자들이나 제자들의 협력자가 아니라는 사실을 최초의 복음서 〈마르코 복음서〉의 저자 문제를 통해서 좀 더 살펴보자. 2세기 중반 이후 기독교 신자들은 베드로를 보좌하고 로마에서 활동했던 마르코가 이 복음서의 저자라고 생각했다. 성경에 따르면 마르코는 예루살렘 교회가 출범할 때부터 주요한 구성원이었다. 그렇다면 오랫동안 예루살렘에서 살

앉고 팔레스타인의 지리나 관습에 대해서도 밝았을 텐데, 〈마르코 복음서〉는 여러 대목에서 팔레스타인의 지리에 대해서 잘못 진술하고 있다(마르 5:1, 7:31, 10:1). 가령 7:31은 예수께서 "티로 지역을 떠나서 시돈을 거쳐, 데카폴리스 한가운데를 가로질러 갈릴래아 호수로 돌아오셨다"고 쓰고 있다. 팔레스타인 지도를 펴놓고 보면 이 일정이 불가능하다 것을 쉽게 알 수 있다. 〈마르코 복음서〉에는 시돈이 티로 남쪽에 있는 것으로 묘사되어 있지만 시돈은 티로 북쪽에 있다. 그러니까 한국으로 치면 대전을 떠나서 서울 갔다가 부산으로 내려가는 꼴이다. 더욱이 1세기 팔레스타인에는 시돈에서 갈릴래아로 가는 길이 없었다. 또한 5:1은 예수가 "갈릴래아 호수 건너편 게라사인들의 지방으로 갔다"고 묘사하고 있다. 이 구절에서와 달리 게라사라는 도시는 갈릴래아 호수 근처가 아니라 갈릴래아 호수에서 남쪽으로 30마일이나 떨어져 있다. 〈마르코 복음서〉의 묘사에는 일단 지리적인 오류가 2개나 있는 것이다. 또한 저자는 팔레스타인의 관습도 제대로 모르고 있었다. 가령 〈마르코 복음서〉는 아침에서 저녁까지를 '하루'로 세고 있는데, 유대인의 관습에서 하루는 전날 해가 지면서 시작하여 다음 날 해가 질 때까지다. 따라서 저자는 팔레스타인에서 살지 않았으며 예루살렘 교회에서 활동했던 인물이 아니다. 그렇다면 〈마르코 복음서〉의 저자가 베드로와 같이 일했던 마르코라는 전승은 잘못된 것이다.

둘째, 복음서 가운데 어디에도 저자가 명기되어 있지 않다. 가령 〈마태오 복음서〉를 살펴보면, 마태오라는 제자가 본문에서 세 번 언급되기는 하지만 어디에도 그가 복음서를 썼다는 암시는 전혀 없다. 그런데 이렇게 이야기하면 〈요한 복음서〉의 다음 구절을 보라며 반박하는 사람이 있을 것이다.

> 예수를 믿는 사람들 사이에 예수가 사랑하는 제자가 죽지 않을 것이라는 소문이 퍼졌다. 그러나 예수께서는 그 제자가 죽지 않을 것이라고 말씀하지 않으셨고, "설령 내가 돌아올 때까지 그가 살아 있기를 내가 바란다고 한들 그것이 너(베드로)와 무슨 상관이 있느냐?"라고 말씀하신 것뿐이다. 그 제자가 이 일들을 증언하고 또 글로 기록했다. 우리는 그의 증언이 참되다는 것을 알고 있다. 예수께서는 이 밖에도 여러 가지 일을 하셨다. 그가 하신 일들을 모두 다 기록하면 책의 분량은 이 세상을 가득히 채우고도 남을 것이다.(요한 21:23~25)

'그 제자'는 〈요한 복음서〉에 여러 번 등장하는 이른바 '예수가 사랑하는 제자'다. 예수가 사랑하는 제자가 누구인지에 관해서는 다양한 의견이 있는데 그 정체가 여전히 베일에 싸여 있다. 대체로 영미권의 학자들은 예수가 사랑하는 제자가 사도 요한이라고 주장하고 있다. 그렇지만 〈요한 복음서〉 21장만을 두고 보면 사도 요한이 아님이 분명하다. 사도 요한은 제베대오의 아들이라고 명시되어 있는 반면, 예수가 사랑하는 제자는 이름이 언급되지 않은 채 예수가 사랑하는 제자라고만 이야기되고 있기 때문이다. 그렇다면 앞서 인용한 구절에서 〈요한 복음서〉의 원저자가 자신의 정체를 밝혔다고 볼 수 없다. 엄격하게 이야기하면 이런 논의 자체가 필요 없다. 위 구절을 담고 있는 〈요한 복음서〉 21장은 후대에 삽입된 것이기 때문이다. 이에 대해서는 7장에서 자세히 살펴볼 것이다.

사복음서의 저자 문제에 대해서 좀 더 생각해볼 것이 있다. 모든 글은 쓴 사람의 관점이나 관심사를 반영하기 마련이다. 그런데 특이하게 복음서에는 개인적인 관심사가 거의 없고 공동체들이 당면했던 문제나 관심사가 많이 관찰된다. 가령 〈요한 복음서〉에서는 기독교 신자들이 회당에서 쫓겨나는 문제가 중점적으로 다루어졌다. 복음서의 원천이 되는 자료들이 원래 공동체에서 구전으로 전승되어 오다가 그 대표들에 의해서 편집되었고, 그 이후에도 공동체의 관심에 따라서 수정되었기 때문일 것이다.

셋째, '마르코 복음서' 등의 제목은 책 제목을 붙이는 일반적인 관행에 맞지 않다. 누군가 책을 쓰고 제목을 붙일 때의 상황을 가정해보자. 대개 책의 제목은 내용을 집약적으로 보여줄 수 있는 짧은 문구가 채택된다. '서양의 역사', '한국인의 음식 문화', '현대 정치와 정당' 등등. 오늘날에도 시중에 나와 있는 책 가운데 제목에 저자의 이름이 달려 있는 경우는 전혀 없는 것은 아니지만 상당히 드물다. 고대에도 마찬가지였다. 그리스 로마의 책 가운데 제목에 저자의 이름을 다는 경우는 거의 없었으며, 고대 근동에서는 아예 책에 제목이 없는 경우도 많았다. 사복음서의 저자들이 책 제목을 지었다면 분명 '예수의 생애', '우리 주 그리스도의 생애', '예수의 말씀과 행적' 등이 되었을 것이다. 게다가 만약 사복음서의 저자가 각자 자율적으로 글을 썼다면 사복음서의 제목이 오늘날과 같은 형태를 취하지 않았을 것이다. 방금 설명했듯이 마르코 복음서와 같은 제목은 기이한 것인데, 저자들이 똑같이 기이한 제목을 달고 있다는 사실은 이해할 수 없다. 초기 기독교 시절의 여러 문서가 이런 추론을 뒷받침한다. 오늘날의 신약성경에는 사복음서만 들어 있지만 1~2세기 기독교 세계에는 수십 종의 복음서가 유통되고 있었다. 그런데 그 복음서들 제목으로는 '예수의 말씀', '예수 그리스도의 지혜', '주님의 대화'와 같은 것들도 있다. 사복음서의 제목 문제는 외적 비평에서 다시 한 번 살펴보자.

예수의 복음인가 마태오의 복음인가

외적인 요인으로 보아도 사복음서가 익명으로 쓰였음은 명확하다. 먼저, 2세기 초까지 복음서의 저자를 증언해주는 기록이 전혀 없고 심지어 복음서의 저자에게 관심을 보이는 사람 하나 없었다. 〈마르코 복음서〉가 쓰인 뒤 50년이 지나도록 기독교 신자 가운데 사복음서의 명칭을 언급하기는커녕 그 내용을 인용한 사람이 아무도 없었던 것이다.

1세기 후반과 2세기 초에 기독교 신자들이 쓴 문서가 너무나 적기 때문에 복음서의 존재를 입증하는 문서가 없는 것이 당연하다고 반박할 수 있다. 그러나 일반적으로 생각하는 것보다 1세기 후반과 2세기 초에 쓰인 기독교 문서들은 꽤 많다. 90년대 후반 코린토 교회에 편지를 쓴 로마의 클레멘스Clemens Romanus의 글, 90년대 후반에 작성된 신앙 지침서 《디다케Didache》, 2세기 초 로마 교회에서 쓰인 〈헤르마스의 목자서〉, 그리고 110년경 순교하기 전 여러 교회에 편지를 쓴 이그나티우스Ignatius의 서간서 등을 들 수 있다. 그런데 이 글들 어디에도 복음서의 명칭이 언급되지 않았다. 〈클레멘스 1서〉에 예수의 말이 몇 가지 인용되고 있는 것은 사실이다. 가령 〈클레멘스 1서〉 13:1~2에 〈마태오 복음서〉에 나오는 산상 설교의 내용이 일부 인용되어 있다. 그러나 두 평행구의 일치도가 낮기 때문에 클레멘스가 기록된 문서였던 〈마태오 복음서〉를 인용했다기보다는 구전되어오던 다른 전승을 참고했다고 보는 것이 타당하다. 〈헤르마스의 목자서〉에는 복음서의 내용을 암시하는 구절이 거의 없고, 이그나티우스의 서간서들에서 〈마태오 복음서〉의 평행구라고 볼 수 있는 것이 몇 개 발견되기는 하지만 일치도가 높지 않다.

초기 기독교 신자들이 사도들이 복음서를 썼으며 사도들이 쓴 글만을 믿을 수 있다고 주장하기 시작한 시기는 빨라야 2세기 중반이다. 2세기 초반 이후 여러 이단이 등장하자, 원原정통 교회들 즉 베드로, 바오로, 요한의 가르침을 추종하며 4세기 이후 정통 교회로 발전할 교회들이 그들과 싸우는 과정에서 사도들이 복음서를 썼다고 주장했고 그때까지도 익명으로 유포되고 있던 복음서들에 저자의 이름을 붙였다. 이런 사실을 가장 잘 보여주는 사람은 이레나이우스Irenaeus였다. 2세기 후반에 활동했던 이레나이우스는 이단과 싸우면서 네 개의 복음서를 사도들이 썼고 하느님께서 오직 네 개의 복음서에만 영감을 주었다고 주장했다. 그의 이런 노력이 사복음서에 제목이 붙고 나아가 정경으로 편입되는 데 결정적으로 중요한 역할을 했다.

외적 요인으로 생각해볼 수 있는 두 번째 요소는 '복음'이라는 명칭 자체다. 성경의 원어인 그리스어로 복음은 '에우앙겔리온εὐαγγέλιον'이다. 이 단어는 '좋은'을 의미하는 형용사 '에우εὖ'와 소식 전달자를 의미하는 '앙겔로스αγγέλος'의 합성어다. '좋은 소식 전달자εὖ+αγγέλος'의 주요 임무는 전투의 결과를 기다리고 있는 도시에 승리의 소식을 전하는 것이었다. 이 단어는 기원전 8세기경에 쓰인 호메로스의 《오뒷세이아》에 처음 등장한다. 복음이라는 단어는 기독교 신자들이 만들어낸 것이 아니라 오래전부터 일반적으로 쓰이던 것이었다. 신약성경에는 130여 회 등장하는데 '기쁜 소식'이나 '예수의 가르침'을 의미했다.

그런데 세월이 상당히 흐른 뒤인 100년경부터 이 단어의 의미가 변화했다. 90년대 후반에 쓰인 것으로 보이는 《디다케》라는 책에서 최초로 '예수의 일생을 기록한 책'이라는 복음의 새로운 의미가 관찰된다. 《디다케》는 주기도문을 설명하면서 "주님께서 그의 복음에서ἐν τῷ εὐαγγελίῳ αὐτοῦ 명령했듯이"라고 말했다. 이 구절의 "그의 복음에서"의 복음을 예수가 구전으로 가르친 말씀으로 해석할 수도 있지만 기록된 책으로 읽는 것이 문맥에 맞다. 《디다케》에 실린 주의 기도가 〈마태오 복음서〉와 일치도가 매우 높기 때문이다.

특히 복음서 가운데 〈마태오 복음서〉에서만 관찰되는 구절, 즉 "아버지의 뜻이 하늘에서처럼 땅 위에서도 이루어지기를 바랍니다"라는 구절을 포함하고 있다. 그렇다면 《디다케》가 〈마태오 복음서〉를 저본으로 삼았으며, 여기서의 복음은 〈마태오 복음서〉를 가리킨다고 볼 수 있다. 이후 이그나티우스의 글을 비롯한 2세기 여러 글에서 복음은 예수의 일생을 기록한 책을 가리키게 되었다. 이렇게 복음이라는 단어가 예수의 인생을 기록한 책을 가리키는 고유명사로 바뀐 것은 90년대 후반에 처음 관찰된다. 복음이라는 단어는 애초에는, 즉 〈마르코 복음서〉나 〈마태오 복음서〉가 집필될 시기에는 예수의 일생을 기록한 문서라는 의미로 쓰이지 않았던 것이다.

〈마르코 복음서〉의 저자나 〈마태오 복음서〉의 저자가 활동하던 시절에 복음이라는 단어가 '예수의 가르침을 기록한 책'이 아니라 단지 '기쁜 소식'이나 '예수의 가르침'의 의미로 쓰였다면, 두 사람이 그 단어를 자신들의 책 제목으로 사용하는 것은 매우 어색하다. 만약 두 저자가 '기쁜 소식'이라는 의미로 사용했다면, 예수가 전하는 기쁜 소식이 아니라 '마르코가 전하는 기쁜 소식', '마태오가 전하는 기쁜 소식'이 되기 때문이다. 그렇다면 '마르코에 따른 복음' 혹은 '마태오에 따른 복음'이라는 명칭은 마르코나 마태오가 붙인 것이 아니라 후대의 필사자가 추가했다고 보아야 한다.

이제 복음서들의 제목이 천편일률적인 이유를 해명할 수 있다. 네 명이 다른 시기, 다른 장소에서 독자적으로 글을 썼는데도 모두 똑같이 '~의 복음'이라고 이름을 붙인 것은 상당히 기이하다.

물론 초기 기독교 시절에 모든 복음서들이 지금처럼 '~에 따른 신성한 복음'이라는 통일된 명칭을 갖고 있지는 않았다. 어떤 필사본에는 '~에 따른'이라고만 제목이 붙어 있었고 제목을 표시하는 위치도 다양했다. 고대에 책 제목을 표시하는 관행에 따라서 글의 끝에 표기하는 경우가 많았으며, 면지flyleaf 즉 책(코덱스)을 보호하기 위해서 덧댄 표지에 표시한 경우도 많았다. 실제 '마태오 복음서'라는 제목을 보여주는 가장 오래된 필사본인 파피루스 사본 4에서 제목은 면지에 적혀 있었으며, '요한 복음서'라는 제목을 확인해주는 가장 오래된 필사본인 파피루스 사본 66 또한 제목이 면지에 적혀 있었다. 그렇지만 어떤 필사본에 나타나는 제목도 결국에는 '~에 따른 신성한 복음'이라는 기본적인 틀을 벗어나지 못했다. 만약 네 명의 저자가 직접 책의 제목을 붙였다면, 네 명 가운데 한 명 정도는 자기 이름을 뺄 수도, 복음이라는 명칭을 사용하지 않을 수도 있었을 것이다.

지금까지 사복음서의 저자가 정체를 알 수 없는 익명의 기독교 신자이고 제목은 후대에 붙여진 것임을 살펴보았다. 이런 주장을 과도하다고 여기는 사람도 있을 것이다. 그러나 시중에 나와 있는 신약성경 개론서에서 쉽게 확인할 수 있는 내용일 뿐이다. 가령 한 개론서는 "오늘날 대부분의 학자들은 오히려 〈마르코 복음서〉의 저자를 잘 알려지지 않은 익명의 인물로 생각하고 있다"고 쓰고 있다. 또 다른 개론서는 "〈마태오 복음서〉의 저자를 예수의 제자 가운데 하나인 세리 마태오라고 부르기에는 무리가 따르는 듯하다. 그래서 이를 구별하기 위해 〈마태오 복음서〉의 저자를 '저자 마태'라고 부르는 것이 좋을 듯하다"고 쓰고 있다. 다른 복음서에 대해서도 이런 견해가 우세하다.

익명과 차명의 기록물, 성경

사복음서의 저자가 오늘날의 성경에 표기된 마태오, 마르코, 루카, 요한이 아니고 각각의 제목이 후대에 붙여진 것이라면, 신약성경 내에 포함되어 있는 다른 문서들의 상황은 어떨까? 신약성경의 문서 27권은 대부분 원래 익명이나 차명으로 집필되었다. 익명으로 쓰였다는 것은 처음 쓰일 때 저자가 자신의 신원을 밝히지 않았다는 의미다. 사복음서뿐만 아니라 〈사도행전〉, 〈히브리인들에게 보낸 서간〉, 〈요한의 첫째 서간〉도 이렇게 집필되었다. 이 문서들을 쓴 저자들은 어디에도 자신의 신원을 밝히지 않았으며 2세기 초반까지는 모두 저자 표시 없이 익명으로 유통되었다.

오늘날에는 글에 저자의 이름을 밝히는 것을 당연하게 여기지만, 고대의 유대인은 그렇지 않았다. 구약성경에도 모세 오경, 〈역대기〉와 같이 역사서로 분류할 수 있는 여러 권의 문서들이 있는데 모두 예외 없이 익명으로 쓰였다. 구약 시대에 유대인이 만든 여러 문서들도 마찬가지다. 쿰란 문서를 비롯해서 유대인이 남긴 수많은 역사서들이 존재하지만 거의 모두 익명으로 작성되었고, 글 안에 저자를 암시하는 문구도 거의 없었다. 또한 유대인이 살았던 근동 지역의 고대 역사서들도 대부분 익명으로 쓰였다. 역사서의 범주에 속하는 사복음서와 〈사도행전〉이 익명으로 쓰인 것은 이와 같은 고대 근동 역사서 집필의 전통 그리고 유대의 전통을 따른 것이다.

초기 기독교 신자들이 신약성경 문서들에 제목을 어떻게 붙였는지를 보여주는 재미있는 일화가 있다. 초기 기독교 신자들은 〈히브리인들에게 보낸 서간〉을 매우 중요한 문서라고 생각했다. 〈히브리인들에게 보낸 서간〉이 하느님의 아들로서 예수의 면모를 보여주고, 예수의 십자가 죽음이 모든 사람의 죄를 용서해주는 대속의 역할을 한다고 전하고 있기 때문이다. 그런데 이미 고대에 이 문서의 진정성에 대해서 심각한 의문이 제기되었다. 이 편지가 언제, 누구에 의해서 쓰였는지 아는 사람이 없었던 탓이다. 3세기의 위대한 교부였던 오리게네스는 〈히브리인들에게 보낸 서간〉을 누가 썼는지는 오직 "하느님만이 아신다"고 말했다.

그런데 2세기 말이 되면 신약성경에 포함된 문서들 대부분에 저자가 표기되어 있었다. 그런 상황이라 저자가 밝혀지지 않는다면 〈히브리인들에게 보낸 서간〉이 권위 있는 문서로 인정받기 어려웠다. 이런 우려 탓에 기독교 지도자들은 〈히브리인들에게 보낸 서간〉을 사도 바오로가 썼다고 주장했다. 그들은 자기네 주장을 관철시키려고 〈히브리인들에게 보낸 서간〉에 '사도 바오로가 히브리인에게 보낸 서간'이라고 제목을 붙였다. 이후 '사도 바오로가 히브리인에게 보낸 서간'이라는 제목이 붙은 필사본이 계속 유통되면서, 기독교 신자들은 〈히브리인들에게 보낸 서간〉을 사도 바오로가 썼다고 믿고 '사도 바오로가 히브리인에게 보내는 서간'이라고 불렀다.

19세기 말에 성경 필사본이 많이 발견되면서 〈히브리인들에게 보낸 서간〉을 사도 바오로가 썼다는 기독교 신자들의 오랜 믿음이 허구라는 사실이 밝혀졌다. 〈히브리인들에게 보낸 서간〉의 오래되고 좋은 필사본에 제목이 '히브리인에게ΠΡΟΣ ΕΒΡΑΙΟΥΣ'라고만 표기되어 있었던 것이다. 누구도 이론을 제기할 수 없을 정도로 증거가 많았기 때문에, 성경의 편집자들은 〈히브리인들에게 보낸 서간〉의 제목에서 사도 바오로의 이름을 삭제할 수밖에 없었다. 또한 보수적인 기독교 신자들조차도 〈히브리인들에게 보낸 서간〉이 바오로의 작품이 아니라는 사실을 인정하게 되었다.

그런데 신약성경에는 익명보다 차명으로 쓰인 것이 더 많다. 차명으로 쓰였다는 것은 원저자가 자신의 존재를 숨기고 다른 사람의 이름을 빌어 글을 썼다는 의미다. 고대의 학교에서 학생들은 자신을 유명하고 학식이 높은 사람으로 설정하고 어떤 문제에 대해서 글을 쓰거나 연설하는 연습을 하곤 했다. 이렇게 다른 사람의 이름으로 글을 쓰거나 연설을 하는 것은 학교에서 끝나지 않았다. 학생뿐만 아니라 지식인들도 자신의 정체를 숨기고 유명한 학자의 이름을 자기 글에 붙이곤 했다. 글이 자기 이름으로 세상에 발표되면 아무런 영향력을 발휘하지 못할 것이기에, 유명한 사람의 이름을 빌어 자신의 글을 널리 퍼뜨리고자 했던 것이다.

이런 일이 너무나 광범위하게 행해졌기 때문에 플라톤, 아리스토텔레스를 비롯해서 고대의 위대한 작가들의 작품에는 위작이 매우 많다. 위대한 사람들의 이름으로 된 문서 가운데 많은 것이 차명이거나 위작이라는 사실을 고대인들도 이미 알고 있었다. 가령 기원전 1세기 로마에서 활동했던 할리카르나소스의 디오뉘시오스는, 기원전 4세기의 저명한 연설가인 이소크라테스의 이름으로 60편의 글이 유통되고 있는데 그 가운데 25편만이 진품이라고 주장했다.

초기 기독교 신자들도 고대 지식인의 이런 관행에 따라서 문서를 작성하곤 했다. 〈베드로 복음서〉의 유통은 이 사실은 잘 보여준다. 2세기 언젠가 베드로를 추종하는 인물이 글을 쓰고 제목을 〈베드로 복음서〉라고 붙였다. 많은 기독교 신자들이 그 복음서를 사도 베드로가 쓴 작품이라고 믿고 권위 있는 문서로 간주했다.

그런데 200년경에 있었던 로소스에서 재미있는 사건이 발생했다. 안티오키아의 주교였던 세라피온Serapion은 자기가 관할하고 있었던 로소스라는 도시를 방문했다. 로소스의 신자들은 자기네를 책임지고 있는 주교가 오자, 〈베드로 복음서〉를 보여주면서 "예배에 이용하고 있는데 계속 이용해도 좋겠습니까?"라고 물었다. 세라피온은 〈베드로 복음서〉라는 제목을 보고 베드로가 썼다면 당연히 계속 이용해도 된다고 대답했다. 그렇지만 안티오키아로 돌아온 후에 세라피온은 결정을 뒤집었다. 〈베드로 복음서〉의 내용을 정밀하게 검토해본 결과 이단의 교설을 뒷받침하는 측면이 있기 때문이었다. 세라피온의 결정은 적절했다. 앞서 말했듯이 〈베드로 복음서〉는 베드로가 아니라 2세기 언젠가 이단 교파에 속했던 인물이 베드로의 이름으로 쓴 위작이었다.

이 일화는 초기 기독교 신자들이 자기가 문서를 작성하고 권위 있는 다른 사람 특히 사도들이 썼다고 주장하곤 했으며, 많은 신자들이 그들의 '기만 행각'에 속아 넘어갔던 정황을 보여준다. 오늘날의 성경에 포함된 문서의 상당수도 바로 이런 차명 저작이다. 바오로 서간 가운데 6편 즉 〈에페소 신자들에게 보낸 서간〉, 〈콜로새 신자들에게 보낸 서간〉, 〈테살로니카 신자들에게 보낸 둘째 서간〉, 〈티모테오에게 보낸 첫째 서간〉, 〈티모테오에게 보낸 둘째 서간〉, 〈티토에게 보낸 서간〉그리고 '공동서간'이라고 불리고 있는 서간 7편 즉 〈야고보 서간〉, 〈베드로의 첫째 서간〉, 〈베드로의 둘째 서간〉, 〈요한의 첫째 서간〉, 〈요한의 둘째 서간〉, 〈요한의 셋째 서간〉, 〈유다 서간〉이 모두 차명 서간이라는 것이 학자들의 주된 의견이다.

3

예 수 를 부 드 러 운 남 자 로 만 들 기

베드로가 예수를 잡으러 온 대사제의 종 말코스의 귀를 자르는 장면. 〈루카 복음서〉
22:50∼51은 예수가 말코스의 귀를 어루만져서 고쳐주었다고 전하고 있다. 게라르
Grégoire Guérard의 유화, 1674년. 프랑스 디종 보자르 박물관.

사복음서 중 '원조'는

성경을 필사하는 사람들이 이해하기 힘든 구절을 삭제해버리거나 자기 입맛에 맞추어 글자를 수정하는 일은 비일비재했다. 그런데 신약성경을 '집필'하는 경우도 마찬가지였다. 신약성경의 저자들이 조용히 혼자 묵상하는 가운데 하느님의 영감을 받아서 하느님의 말씀을 받아 적은 것이 아니었다는 말이다. 그들은 자기네 교회에 전해 내려오던 전승이나 문서들을 참고했다. 특히 이런 현상은 사복음서 중 세 편의 공관복음서에서 두드러진다. 마태오, 마르코, 루카 세 복음서는 '같은 관점'을 취하고 있다고 해서 공관복음서라고 불리는데, 세 복음서에는 중복되는 부분이 매우 많다. 그래서 학자들은 어떤 복음서가 먼저 작성되었고 다른 두 복음서는 최초의 복음서를 저본으로 삼았다고 이해했고, 오랜 논쟁 끝에 〈마르코 복음서〉가 최초의 복음서이고 다른 두 복음서가 그 주요 내용을 약간 변경해서 베꼈다고 결론 내렸다.

　〈마태오 복음서〉와 〈루카 복음서〉의 저자가 〈마르코 복음서〉를 참조했지만 원문에 약간의 변경을 가했다는 사실은 통계적으로 쉽게 확인할 수 있다. 〈마태오 복음서〉는 약 1070개의 절로 구성되어 있는데, 그 가운데 609개는 〈마르코 복음서〉의 내용을 거의 그대로 '복사'한 것이다. 내용은 물론 사용된 단어, 심지어 단어의 순서도 유사하다. 〈마르코 복음서〉의 관점에서 이야기하면 〈마르코 복음서〉 662절 가운데 609절이 〈마태오 복음서〉에 나온다. 그런데 〈마태오 복음서〉의 〈마르코 복음서〉 평행구에 〈마르코 복음서〉에 없는 단어가 132개가 나온다. 이 단어들은 〈마태오 복음서〉의 저자가 베껴 쓰는 과정에서 추가한 것이고, 〈마르코 복음서〉의 내용을 자기 마음대로 수정했다는 의미다.

　이렇게 〈마르코 복음서〉를 수정 가필하는 현상은 〈루카 복음서〉에서도 관찰된다. 〈마태오 복음서〉에 비하면 〈루카 복음서〉의 〈마르코 복음서〉에 대한 의존은 상대적으로 약하다. 〈루카 복음서〉는 약 1150절로 구성되어 있는데, 〈마르코 복음서〉에서 약 350절을 베껴왔다. 〈루카 복음서〉의 3:1~9:50은 〈마르코 복음서〉 1:2~9:41의 순서를 충실히 따르고 있다. 그렇지만 〈루카 복음서〉의 저자 역시 자신의 신학에 맞게 〈마르코 복음서〉의 내용을 수정했다. 가령 〈마르코 복음서〉의 핵심 주제는 예수의 수난 곧 죽음인데, 수난 장면에서 예수는 대단히 연약할 뿐만 아니라 절망에 빠진 인간으로 그려진다. 예수는 자신이 심히 괴롭다고 말했으며 하느님에게 가능하다면 자신의 잔을 옮겨달라고 기도했다. 그리고 십자가에서 죽어가면서 "나의 하느님, 나의 하느님, 어찌하여 나를 버리십니까?"라고 절규했다(마르 15:34). 반면 〈루카 복음서〉의 수난 장면에서 예수는 자신의 운명을 담담하고 의연하게 받아들이는 대단히 절제된 태도를 취하고 있다. 〈루카 복음서〉에서 예수는 한 번도 고통스러워하지 않고 조용히 자신의 운명을 받아들이며 "아버지, 저의 영혼을 아버지께 맡깁니다"라고 외치면서 죽었다(루카 23:46). 〈마르코 복음서〉와 〈루카 복음서〉의 수난 장면이 이렇게 대조적인 것은 〈루카 복음서〉의 저자가 예수를 초인간적인 존재 나아가 초월적인 신으로 형상화하려는 의도를 가지고 있었기 때문이다.

〈루카 복음서〉의 저자는 또한 〈마르코 복음서〉에 존재하는 유대적 요소를 배제했다. 가령 〈마르코 복음서〉에는 "소녀야 일어나라"는 뜻의 "탈리다 쿰"과 같은 팔레스타인 유대인이 사용하던 아람어가 여러 번 등장하는데, 〈루카 복음서〉 저자는 이 표현들을 삭제해버렸다. 〈루카 복음서〉가 팔레스타인이나 그 인근에 사는 유대인이 아니라 이방인을 독자로 삼고 있었다는 것을 시사한다. 그리고 〈루카 복음서〉는 〈마르코 복음서〉의 서술에 논리적인 모순이 있다고 생각하면 '합리적인' 조정을 감행했다. 이른바 '씨 뿌리는 자의 비유'에서 확인되는 것처럼 말이다. 〈마르코 복음서〉 4:3~6에 따르면, 예수는 "씨 뿌리는 자가 씨를 뿌렸는데, 어떤 것은 흙이 많지 않은 돌밭에 떨어졌다. 흙이 깊지 않아서 싹은 곧 나왔지만 해가 뜨자 뿌리도 내리지 못한 채 말라버렸다"고 말했다. 〈루카 복음서〉의 저자는 '흙이 많지 않은', '흙이 깊지 않은', '뿌리가 없어'라는 표현이 동어반복적이라서 마음에 들지 않았던 것 같다. 그리고 '싹이 곧 나왔지만, 해가 뜨자 타버렸다'는 진술이 모순이라고 생각했다. 일단 싹이 나면 해가 뜨자마자 바로 타버릴 수는 없기 때문이다. 그리하여 〈루카 복음서〉 저자는 "바위에 떨어져서 싹이 나기는 했지만 바닥에 습기가 없어 말라버렸다"고 수정했다(루카 8:6). 〈마르코 복음서〉에 비해서 〈루카 복음서〉의 서술이 정연하고 논리적으로 보이는 것은 이런 합리적인 조정의 결과다.

야이로의 딸은 열두 살

〈마태오 복음서〉와 〈루카 복음서〉가 〈마르코 복음서〉를 베끼면서 본래의 내용을 어떻게 수정했는지를 예수가 '회당장 야이로의 딸'을 고친 이야기로 좀 더 살펴보자.

야이로라는 회당장이 와서 예수를 뵙고 그 발 앞에 엎드려 "제 어린 딸이 죽기 직전입니다. 제 집에 오셔서 그 아이에게 손을 얹어 주십시오. 그러면 그 애의 병이 나아서 살 것입니다"라고 간절히 애원했다. 예수께서 그를 따라가시니, 많은 무리가 예수를 둘러싸고 밀어대며 따라갔다.(마르 5:22~24)

예수께서 그들에게 이 말씀을 하고 계실 때 한 우두머리(회당장)

가 와서 예수께 절하며 "제 딸이 이제 막 죽었습니다. 그렇지만 당신께서 저의 집에 오셔서 그 아이에게 손을 얹어주시면 그 애가 살아날 것입니다" 하고 말했다. 예수께서 일어나셔서 제자들과 함께 그를 따라가셨다.(마태 9:18~19)

그때에 야이로라는 이름을 가진 회당장이 예수께 와서 발 앞에 엎드려 자기 집에 와주시기를 간청했다. 그의 열두 살쯤 된 외동딸이 거의 죽게 되었던 것이다. 예수께서 그 집으로 가실 때 무리가 그를 에워싸고 떠밀며 쫓아갔다.(루카 8:41~42)

　세 복음서가 한 사건을 말하고 있는데 그 진술이 조금씩 다르다. 먼저 〈마르코 복음서〉에서 회당장은 어린 딸이 죽었다고 하지 않고 '죽기 직전'이라고 말했다. 그런데 〈마태오 복음서〉에서 회당장은 자기 딸이 '이미 죽었으며, 예수가 원하시기만 하면 살릴 수 있다'고 말한다. 죽어가는 것과 죽은 것은 분명 큰 차이다. 회당장이 예수에게 말을 할 때 이 아이는 죽었던 것이 아니라 죽어가고 있었던 것이 틀림없다. 〈마태오 복음서〉의 저자는 〈마르코 복음서〉를 베끼면서 의도적으로 그 내용을 변경했다. 죽은 자를 살리는 예수의 초능력을 강조하기 위해서였다.
　〈루카 복음서〉의 저자는 특이하게도 회당장 딸의 나이를 열두 살이라고 밝히고 있다. 물론 소녀의 나이를 12세라고 〈마르코 복음서〉도 서술하고 있다. 그렇지만 〈마르코 복음서〉는 앞서 인용한 구절의 다음 대목인 5:42에서 예수가 소녀의 병을 고친 이야기를 끝맺으면서 소녀의 나이를 밝히고 있다. 그렇다면 〈루카 복음서〉는 왜 소녀의 나이를 이야기를 시작하는 대목으로 끌고 왔을까? 아마도 '12'라는 숫자를 특별히 강조하기 위해서였을 것이다. 〈루카 복음서〉의 저자는 열두 부족으로 상징되는 이스라엘이 복원되고 종말의 날이 도래할 것이라는 신학을 강하게 펼치고 있는 것이다.

〈루카 복음서〉와 〈마르코 복음서〉의 서술에서 차이가 나는 것이 하나 더 있다. 〈마르코 복음서〉 5:43에서 예수는 소녀의 병을 치료한 뒤 현장에 있던 사람들에게 "이 일을 아무에게도 알리지 말라고 거듭 당부하셨다." 그러고 나서야 "소녀에게 먹을 것을 주라"고 말했다. 그런데 〈루카 복음서〉 8:55~56은 먼저 소녀에게 먹을 것을 주라고 말했고 그런 후에야 이 일을 아무에게도 말하지 말라고 명령했다. 〈루카 복음서〉가 이렇게 예수가 한 말의 순서를 바꾼 것은 〈마르코 복음서〉의 서술이 마음이 들지 않았기 때문이다. 죽었다는 소리를 들을 정도로 오랫동안 누워 있었던 탓에 소녀는 몹시 배가 고팠을 것이다. 그런데 모든 사람을 사랑하는 예수가 소녀의 건강이나 배고픔을 먼저 배려하지 않고, 자신의 일을 사람들에게 알리지 말라고 말하는 것은 이상하다. 이렇게 생각한 〈루카 복음서〉의 저자는 예수가 자기 일보다 소녀의 건강을 먼저 걱정한 인자한 사람이었다는 점을 부각시키려고 예수가 한 말의 순서를 변경했던 것이다. 그렇다면 〈마르코 복음서〉를 베껴 쓰면서, 〈마태오 복음서〉는 예수의 초능력을 강조하는 방향으로, 〈루카 복음서〉는 예수를 자비로운 인물로 부각시키는 방향으로, 원문을 조금씩 수정했다고 볼 수 있겠다.

말코스의 귀를 어루만진 예수

이렇게 〈마태오 복음서〉와 〈루카 복음서〉의 저자가 〈마르코 복음서〉의 내용을 수정했는데, 그 과정에서 흥미로운 사실이 발견된다. 이들 저자는 예수를 부드럽고 인자하고 자비로운 인물로 제시하려는 욕구를 가지고 있었다. 가령, 예수가 예루살렘에서 잡히시기 전날 겟세마네 동산에서 베드로가 대사제의 종인 말코스의 귀를 잘라버린 사건에 대한 세 복음서의 진술을 살펴보자.

그때 예수와 함께 서 있던 사람 하나가 칼을 빼어 대사제의 종의 귀를 쳐서 잘라버렸다. 그것을 보시고 예수께서는 그들에게 이렇게 말씀하셨다. "너희들은 강도를 잡을 때처럼 칼과 몽둥이를 들고 왔구나?"(마르 14:47~48)

그때 예수와 함께 서 있던 사람 하나가 칼을 빼어 대사제의 종의 귀를 쳐서 잘라버렸다. 그것을 보시고 예수께서는 그에게 "칼을 도로 칼집에 꽂아라. 칼을 사용하는 사람은 칼로 망하는 법이다"라고 말씀하셨다.(마태 26:51~52)

그들 가운데 한 사람이 대사제의 종을 쳐서 오른쪽 귀를 잘라버렸다. 그러자 예수께서는 "그만해 두어라" 하고 말씀하시고 그 사람의 귀에 손을 대어 고쳐주셨다.(루카 22:50~51)

세 복음서의 진술을 꼼꼼히 음미해보면, 〈마르코 복음서〉의 예수는 베드로가 말코스의 귀를 자르자 말코스의 귀에 대해서는 아무런 관심을 보이지 않고 자기를 잡으러 온 '적'을 향해 강력하게 항의한다. 이 장면의 예수는 성정이 강하고 불같은 사람이다. 예수는 자기 제자들을 자제시킨 것이 아니라 적의 부당한 행위에 대해서 저항했다. 〈마태오 복음서〉의 예수는 그런 강한 면모를 보이지는 않는다. 적에게 항의하기는커녕 폭력을 사용한 자신의 제자 베드로를 자제시키면서 폭력이 목적을 이루는 정당한 수단이 될 수 없다고 선언한다. 어떤가? 예수를 비폭력과 평화를 추구하는 인물로 그리려는 〈마태오 복음서〉의 숨은 의도가 감지되지 않는가? 〈루카 복음서〉의 예수는 한걸음 더 나아간다. 적에게 항의하지 않고, 오히려 제자를 말린 후에 귀가 잘린 불쌍한 말코스를 손수 치료해주는 자비마저 베푼다. 자기를 잡으러 온 자를 치료해주는 모습에서 예수의 강한 휴머니즘이 느껴진다. 〈루카 복음서〉의 저자는 죽음의 길로 잡혀가면서도 적의 병사까지 사랑한 인물로 예수를 형상화하고 있는 것이다.

나병 환자에게 '측은한 마음이 드시어'

이렇게 〈마태오 복음서〉와 〈루카 복음서〉의 저자는 예수를 좀 더 부드러운 인물로 그리려는 욕구를 가지고 있었는데, 이 사실을 잘 보여주면서 또한 필사본 연구와 깊은 관련이 있는 흥미로운 사례가 있다. 〈마르코 복음서〉는 갈릴래아에서 예수가 어떤 나병 환자를 고쳐주었다고 전한다.

> 예수는 갈릴래아 전역을 돌아다니며 회당에서 설교하시고 마귀를 쫓아내셨다. 한 나병환자가 예수께 와서 무릎을 꿇고 "선생님은 원하신다면 저를 깨끗이 고쳐주실 수 있습니다" 하고 애원하며 말했다. 예수께서 측은한 마음이 드시어 그에게 손을 갖다 대시며 "내가 원하노니, 깨끗하게 되어라" 하고 말씀하셨다. 그는 곧 나병 증세가 사라지면서 깨끗이 나았다.(마르 1:39~42)

이 단락에서 문제가 되는 구절은 '측은한 마음이 드시어'다. 이 구절은 상식의 눈으로 보면 지극히 문맥에 잘 어울린다. 인류를 구원하실 하느님의 아들로 수많은 병자를 고쳐주신 예수가 병자들을 측은하게 여기시는 것은 당연한 일이기 때문이다. 그런데 〈마태오 복음서〉와 〈루카 복음서〉의 평행구(마태 8:1~3, 루카 5:12~13)에는 이 구절이 없다. 두 복음서의 저자가 왜 이 문장에서 이 구절을 삭제해버렸을까? '측은한 마음이 드시어'라는 구절이 문맥에도 잘 어울릴 뿐만 아니라 예수를 훌륭한 인물로 부각시키는 데도 도움이 될 텐데 말이다. 앞서 〈마태오 복음서〉와 〈루카 복음서〉가 예수를 휴머니즘이 매우 강한 인물로 묘사하려는 욕구를 가지고 있었음을 살펴보았다. 그럼에도 '측은한 마음이 드시어'라는 구절이 〈마르코 복음서〉 원문에 있는데 두 복음서가 이 단어를 삭제한 것은 상당히 기이한 일이다.

그리스어 원문으로 보면 '측은한 마음이 드시어'라는 구절은 원래 한 단어 즉 '스플랑크니세이스$_{\sigma\pi\lambda\alpha\gamma\chi\nu\iota\sigma\theta\epsilon\iota\varsigma}$'다. 그런데 어떤 사본에는 '스플랑크니세이스'가 아니라 '화가 나시어'라는 뜻을 갖고 있는 '오르기세이스$_{\dot{o}\rho\gamma\iota\sigma\theta\epsilon\iota\varsigma}$'로 되어 있다. 두 단어는 철자가 비슷하지 않으며 그 뜻도 반대에 가까울 정도로 크게 다르다. 그렇다면 이 경우에는 어떤 필사자가 실수로 한 단어를 다른 단어로 혼동해서 적었을 가능성은 거의 없고, 누군가 의도적으로 바꾸었다고 말할 수밖에 없다.

필사본 현황만을 본다면 '스플랑크니세이스'가 우세하다. '오르기세이스'라고 쓰인 필사본은 수적으로 적을 뿐만 아니라 시기적으로도 늦어서 가장 오래된 것이 5세기의 것이다. 이렇게 시대가 늦고 정확도가 떨어지는 사본들에서만 '오르기세이스'가 쓰였고 대부분의 좋은 사본들에 '스플랑크니세이스'라고 쓰여 있다면, '스플랑크니세이스'가 원래의 단어라고 결론 내려야 한다. 그런데 이를 반박할 수 있는 결정적인 근거가 있다. 4세기 시리아의 교부인 에프렘$_{Eprem}$은 2세기에 쓰인 〈디아테사론$_{Diatessaron}$〉에 대해서 논평하면서 문제의 이 구절에서 예수가 측은함을 느낀 것이 아니라 분노했다고 논평했다. 〈디아테사론〉은 유스티노스의 제자였던 타티아노스Tatianos라는 기독교 지도자가 사복음서를 하나의 복음서로 종합한 것이다. 그는 사복음서가 많은 부분에서 서로 모순될 뿐만 아니라 교회를 운영하는 데는 네 개의 복음서가 필요 없고 단지 하나의 복음서만 있으면 된다고 생각해서 〈디아테사론〉을 만들었다.

타티아노스는 120년경에 태어나서 173년에 죽었다. 그가 생전에 〈디아테사론〉을 작성해 사용했기 때문에 〈디아테사론〉은 늦어도 160년대에 집필되었다. 〈마르코 복음서〉를 포함하고 있으면서 현존하는 가장 오래된 성경 사본인 체스터 비티 파피루스Chester Beatty papyri와 거의 일치하는 연대다. '화가 나시어'라는 원문은 '측은한 마음이 드시어'보다 시기적으로 결코 뒤지지 않는 것이다. 그렇다면 원래 이 구절의 원문은 '측은한 마음이 드시어'가 아니라 '화가 나시어'일 가능성이 높아진다.

〈마르코 복음서〉 전체로 시야를 넓혀서 유사 사례들을 점검해보면 이 추론이 타당하다는 것을 알 수 있다. 〈마르코 복음서〉 3장 초입에는 예수가 회당에서 손이 오그라든 사람을 치료한 이야기가 나온다. 그 모습을 지켜보고 있던 바리사이파 사람들은 예수가 안식일에 병자를 고친다며 불만을 토로했다. 바리사이파는 율법을 철저하게 지켜야 한다고 주장했던 유대인 지도자들이었다. 예수는 그들의 마음이 완고한 것을 보고는 '화가 나시어' 그들을 쳐다보았다(마르 3:5). 그런데 〈마태오 복음서〉와 〈루카 복음서〉의 평행구에는

'화가 나시어'라는 단어가 없다(마태 12:12~13, 루카 6:10).

〈마태오 복음서〉와 〈루카 복음서〉의 〈마르코 복음서〉 평행구들에서 '화가 나시어'라는 구절이 삭제된 사례가 또 있다. 〈마르코 복음서〉 10:14에서 예수는 제자들에게 크게 화를 냈다. 사람들이 아이들을 데리고 예수에게 왔을 때 제자들이 막았기 때문이다. 그런데 〈마태오 복음서〉와 〈루카 복음서〉는 똑같은 사건을 전하면서 '화가 나시어'라는 단어를 삭제해버렸다(마태 19:14, 루카 18:16).

이 두 기사에 대한 공관복음서 평행구 고찰에서, 〈마르코 복음서〉의 저자는 예수를 격정적이고 직설적이며 투쟁적인 인물로 묘사하고 있는 반면, 〈마태오 복음서〉와 〈루카 복음서〉의 저자는 〈마르코 복음서〉의 그런 묘사를 마뜩잖게 여겼으며 오히려 예수를 부드럽고 인자하고 자비로운 인물로 제시하려는 욕구를 가지고 있었음을 알 수 있다. 이런 사정을 고려하면, 앞서 논의한 나병 환자를 치료한 사건에서 〈마르코 복음서〉의 원문이 '화가 나시어'라고 되어 있었다면 〈마태오 복음서〉와 〈루카 복음서〉의 저자가 그 단어를 삭제했을 것이라고 추론할 수 있다. 물론 그 반대 즉 '측은한 마음이 드시어'라고 되어 있었다면, 〈마태오 복음서〉와 〈루카 복음서〉의 저자가 그 단어를 삭제하지 않았을 것이다. 그렇다면 이 기사에서 예수의 성정을 표현한 〈마르코 복음서〉의 원문은 '측은한 마음이 드시어'가 아니라 '화가 나시어'라고 보는 것이 합당하다고 할 수 있다.

지금까지의 논의를 정리해보면, 〈마르코 복음서〉 1:39~45에서의 '측은한 마음이 드시어'는 원래 '화가 나시어'였을 것이다. 〈마태오 복음서〉와 〈루카 복음서〉의 저자는 문제의 그 구절이 '화가 나시어'로 되어 있는 판본을 보았고 마뜩잖게 여겨서 삭제해버렸다. 그리고 오늘날 기독교 신자들이 사용하는 성경의 〈마르코 복음서〉에 '측은한 마음이 드시어'로 되어 있는 것은 2세기 한 필사자가 '화가 나시어'라는 어구가 문맥에 맞지 않는다고 생각해서 '측은한 마음이 드시어'로 바꾸었기 때문이다. 물론 그렇게 바꾸었던 것은 예수라는 성스러운 인물이 화를 낸다는 것은 이치에 맞지 않은 일이라고 생각했기 때문이다. 예수가 승천한 뒤 후대 기독교 신자들이 자기네 관념에 맞게 예수의 상像을 바꾸어갔다는 말이다.

"아버지, 저들을 용서해주십시오!"

후대의 신자들이 본래의 예수 상을 변경하여 부드러운 혹은 자비로운 존재로 만들려고 했다는 증거는 십자가에 못 박힌 예수를 묘사하는 대목에서도 발견된다. 〈루카 복음서〉는 다음과 같이 전한다.

해골산이라고 불리는 곳에 이르러 사람들은 거기에서 예수를 십자가에 못 박았다. 그리고 죄수 두 사람을 십자가형 에 처하여 한 명은 예수의 오른편에 다른 한 명은 왼편에 세워놓았다. 예수께서는 "아버지, 저들을 용서해주십시오! 그들은 자기들이 무슨 일을 하는지 모르고 있습니다" 하고 말씀하셨다. 그들은 주사위

를 던져 예수의 옷을 나누어 가졌다.(루카 23:33~34)

이 묘사에 따르면, 예수는 다른 두 명의 죄인과 함께 십자가에 못 박힐 때 인간으로서는 참을 수 없는 고통에 시달리면서도 보통 사람으로서는 상상할 수도 없는 초인간적인 면모를 보여주었다. 지독한 고통 속에서도 "아버지, 저들을 용서해주십시오! 그들은 자기들이 무슨 일을 하는지 모르고 있습니다"라고 말하면서 자기를 죽이려는 자들을 위해서 기도했던 것이다. 참으로 인류를 구원할 성자의 면모다.

그런데 예수가 십자가 위에서 한 이 기도가 역사적 사실일까? 물론 역사적 사실인지 밝혀낼 방법은 없지만, 이 구절이 원래 〈루카 복음서〉에 없었다는 사실은 밝혀낼 수 있다. 두 가지 측면을 살펴보자. 먼저, 나머지 세 복음서의 십자가 처형 장면에는 이 구절이 등장하지 않는다(마태 27:32~44, 마르 15:21~32, 요한 19:16~27). 예수가 정말 그렇게 성인답게 의연하게 행동했다면 다른 복음서의 저자들이 이 말을 빠뜨린 것은 의아한 일이다. 그리고 필사본 연구에 의하면 파피루스 사본 75를 비롯한 오래되고 좋은 〈루카 복음서〉 사본에 이 구절이 없다. 여러 성경의 편집자들도 이 사실을 인정했는데, 가령 한글 새번역본은 이 글을 괄호 안에 넣어놓았다.

이렇게 오래되고 좋은 사본에 문제의 구절이 없다는 것, 그리고 다른 복음서들의 평행 구절에도 없다는 것은, 정확하게 시대를 확정할 수는 없지만 후대에 누군가가 이 구절을 삽입했고 그 뒤 삽입된 문장이 원래 〈루카 복음서〉에 들어 있었다고 줄곧 믿어져왔음을 말한다. 그렇다면 후대의 필사자는 왜 이 구절을 삽입했을까? 예수를 매우 자비로운 사람, 원수도 사랑하는 사람으로 각색하기 위해서였을 것이다. 결국 우리는 복음서를 통해서 역사적 실체로서 예수를 만나고 있는 것이 아니라 복음서 저자들이 묘사하는 '인물상'으로서 예수를 만나고 있는 셈이다.

그런데 이렇게 예수의 성품을 왜곡하는 일은 과거에 끝난 것이 아니라 현재에도 계속되고 있다. 〈요한 복음서〉 11장은 나자로 그리고 그의 두 여동생 마르타와 마리아 이야기를 전한다. 예수는 그들을 특별히 사랑했는데 어느 날 나자로가 크게 아팠다. 예수가 치료해주려고 갔지만 너무 늦었다. 나자로가 죽은 지 사흘이 지나서야 그들이 살고 있는 마을에 도착했던 것이다. 예수가 온다는 소식을 듣고 마르타와 마리아가 맞이했는데, 그때 마리아는 "주께서 여기 계셨더라면 내 오라버니가 죽지 아니했을 것입니다"라고 말했다. 마리아가 이렇게 말하고 울자 주변 사람들도 슬피 울었다. 예수의 반응은 어땠을까? 공동번역본을 비롯하여 대부분의 한글 번역 성경들은 예수가 "마음이 비통하여 괴로워하셨다", "혹은 속으로 탄식하셨다"라고 표현하고 있다(요한 11:33~35). 문맥으로 보면 썩 잘 어울리는 것 같다. 나사로가 죽고 사람들이 슬퍼 우니 예수도 마음이 비통했다고 해석할 수 있기 때문이다. 그런데 이 구절에서 '마음이 비통하여 괴로워하셨다'의 원어는 '엠브리마오마이$_{ἐμβριμάομαι}$'이고 '크게 화를 내다'라는 뜻이다. 그렇다면 예수는 죽은 사람이 불쌍해서 슬퍼했던 것이 아니다. 마리아와 주변 사람들이 슬퍼하며 울자, 나사로가 아직 죽지 않았으니 소란을 피우지 말라고 크게 화를 냈던 것이다. 그렇다면 왜 번역자들은 '크게 화를 내다'가 아니라 '비통해했다'고 번역했던 것일까? 아마도 예수를 너무나 숭고한 사람으로 생각했기 때문에 화를 냈다는 사실을 있는 그대로 받아들일 수 없었기 때문일 것이다.

4

나자렛 사람 예수, 신이 되다

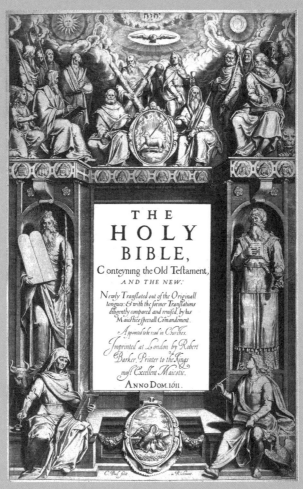

1611년에 발행된 킹 제임스 영어 성경의 초판본 표지. 영국 국왕 제임스 1세의 주도로 편찬된 까닭에 '흠정역 성경'이라고도 불린다. 현대적 본문 비평이 발달하기 전까지 오랫동안 권위 있는 성경 판본으로 인정받아왔다.

누가 이단이었을까

레이몬드 브라운Raymond Brown이라는 신학자가 있다. 초기 교회사 연구의 세계적인 권위자다. 영국학술원의 회원, 미국인물학술원의 회원이고 성경문학협회와 카톨릭성경협회, 신약성경연구협회의 회장을 지냈으며 오랫동안 교황청성경위원회의 위원이었다.

그가 이렇게 주요 요직을 맡을 수 있었던 것은 초기 교회사 연구에 있어서 독보적인 업적을 쌓았기 때문이다. 《사랑하는 제자 공동체》와 《메시아의 죽음》을 비롯해 브라운이 저술한 수십 권의 책은 탄생기 기독교의 역사를 밝히는 대작으로 평가받고 있다. 또한 모범적인 신앙인, 신학교의 사제로 살았기에 모든 저술이 자기가 소속되어 있던 교회 당국으로부터 '오류 없음' 혹은 '출판 허가'라는 인가를 받을 수 있었다. 브라운이 급진적이거나 반교회적인 인물이 전혀 아닌 덕분에 가능한 일이었다.

이렇게 세계가 인정하는 학자이고 모범적인 신앙인이었던 레이몬드 브라운은 초기 교회 발전의 한 특징을 다음과 같이 지적했다.

오늘날 기독교 공동체에서 이단의 문제가 제기된다면 열정에 휩싸여 새로운 생각을 제시하는 급진주의자들이 오명을 뒤집어쓰곤 한다. 그러나 기독교의 역사에서 가장 중요한 이단들 몇몇은 급진적인 자들이 아니라 보수적인 자들이었다. 그들은 기독교 신자들 주류가 새로운 환경에서 제기되는 새로운 질문에 새로운 방식으로 대답하는 것에 반대하여 전통적인 신학 체계를 고수하려고 했다.

여기서 '보수적인 자'라는 말은 무슨 의미일까? 보수주의라는 단어는 '기존의 상태를 유지하고 지키려는 태도'를 의미한다. 그리고 브라운은 초기 기독교 연구자니까 당연히 초기 기독교의 역사를 염두에 두었을 것이다. 다시 말해, 예수가 기독교를 창시할 때부터 예루살렘 교회의 발전, 그리고 그 이후 1~2세기 사도 교부들의 시대에 적용되어야 한다. 이 경우에 보수적인 자는 예수 혹은 예수의 직계 제자인 사도들의 가르침을 유지하려는 자이고, 거기에 맞서는 자는 예수 혹은 사도들의 가르침을 새롭게 해석한다는 '구실'을 내세우며 변경하려는 자를 말한다. 그렇다면 보수적인 자는 예수의 가르침에 가장 가까운 자임에도 불구하고 새로운 변화를 추구하는 자에 의해서 이단으로 낙인찍히고 교회에서 쫓겨나게 되었던 셈이다.

몇 가지 사례를 살펴보자. 2세기 초 팔레스타인과 시리아 지역에서 상당히 큰 세력을 형성하고 있던 에비온파라는 신자들이 있었다. 에비온은 '가난한 자'라는 뜻으로 사도들이 세운 교회인 예루살렘 교회의 신자들을 부르던 명칭이었다. 에비온파는 자기네가 예루살렘 교회의 신앙을 계승한다고 주장했다. 그들은 야훼가 유일신이며 예수는 인류를 구원해줄 그리스도라고 믿었고, 〈마태오 복음서〉를 사용하고, 유대인의 율법을 철저히 준수하며 경건하게 살았다. 기독교 신자들은 2세기 중반까지 이들을 이단으로 여기지 않고, 기독교 내에 존재하는 여러 분파 가운데 하나라고 생각했다. 그러다가 160년대 이후에는 이단으로 규정하고 배척했는데, 유대 율법을 고수하는 것을 용납할 수 없었기 때문이다.

최고의 지성을 갖추고 모범적인 신앙생활을 하다가 심지어 순교한 사람이 후대에 이단으로 정죄당하기도 했다. 3세기 중반에 알렉산드리아에서 활동했던 오리게네스가 대표적인 인물이다. 그는 3세기 기독교 최고의 이론가로 알렉산드리아 교회 소속의 교리 학교 교장이었으며 특출한 지성으로 2,000권에 이르는 책을 썼다. 특히 구약성경의 히브리어 본문과 그리스어 번역본 그리고 주석을 대조한 《헥사플라Hexapla》, 이교도인 켈수스의 기독교 비판을 반비판한 《켈수스에 대한 반론Contra Celsum》으로 유명하다. 또한 지나칠 정도로 엄격하고 모범적인 신앙인이어서, 여자를 보고 음탕한 마음을 품으면 이미 마음으로 그 여인과 간음한 것이라는 성경 구절(마태 5:27~28)을 읽고 난 후, 자기 마음에서 음욕을 제거하기 위해서 스스로 고자가 되었다. 그가 성직자로서 모범적인 신앙생활을 하던 250년에 로마 황제 데키우스가 기독교 신자들을 박해했다. 이때 오리게네스는 숨지 않고 잡혀가 모진 고문을 받았고 그 후유증으로 사망했다. 이렇게 오리게네스의 삶과 신앙을 살펴보면 후대에 영원히 존경받을 만한 모범이라고 해도 과언이 아니었다. 그러나 4세기 이후에 기독교 지도자들은 오리게네스의 신학이 정통 교회에 신앙에 위배된다며 그를 이단으로 선포했다.

오리게네스가 이단으로 정죄된 것은 이른바 삼위일체 논쟁 때문이었다. 4세기 전반기에 기독교 신자들은 기독교가 숭배하고 있던 유일신인 야훼 하느님과 예수가 어떤 관계에 있는가를 두고 논쟁을 벌였다. 다수파는 예수는 하느님이고 야훼 하느님과 동일한 본질을 갖고 있다고 주장한 반면, 소수파는 야훼 하느님은 절대적인 신이시고 예수는 야훼 하느님과 버금가는 존재이기는 하지만 야훼에게서 창조된 최초의 피조물이라고 주장했다. 다수파를 아타나시우스Athanasius파라고 하고 소수파를 아리우스Arius파라고 한다. 그런데 아리우스파 지도자들이 오리게네스를 자기네 주장의 근거로 삼은 것이 문제가 되었다. 아타나시우스파 지도자들은 아리우스파를 격파하자면 오리게네스를 이단으로 규정해야 한다고 생각했다. 그리하여 오리게네스를 '이단 중의 최대 이단'으로 규정했고, 553년 열린 공의회에서 그의 모든 저서를 불태우기로 결정했다.

'일반적인' 혹은 '정상적인' 기독교 신자들은 이런 말을 들으면 기겁할 것이다. 예수의 말을 따르는 자, 그의 가르침을 충실히 지키려는 자가 이단으로 낙인찍혔고, 오히려 그의 가르침을 변경하는 자가 정통이 되었다니! 오늘날의 관념으로는 도저히 이해할 수 없을 것이다. 그러나 초기 기독교의 역사에 나타난 엄연한 사실이었다. 예수가 살아 있었을 때 가장 가까이 도왔던 가족과 제자들은 분명 예수에게서 직접 배웠기 때문에 예수의 가르침을 가장 잘 알고 있었을 것이다. 그러나 1세기 중반 이후 그들 가운데 상당수는 '옛 것', '잘못된 것', '보수적인 것'을 주장하는 이단으로 전락하고 말았다.

주의 형제가 이단이라니!

주의 형제 야고보의 권위 추락은 이런 사정을 극적으로 보여준다. 야고보는 예수의 동생으로 1세기 중반까지 기독교 신자들 가운데서 가장 권위가 높은 사람이었다. 당시에 비기독교인이 작성한 기독교 신자들에 관한 자료로는 1세기에 활동한 유대 역사가인 요세푸스Flavius Josephus의 글이 유일하다. 요세푸스는 《유대 고대사》에서 야고보에 대해 다음과 같이 전한다.

유다 총독 페스투스가 죽자 로마 황제는 총독으로 알비누스를 보냈다. 아그리파스 왕은 요셉을 대제사장직에서 물러나게 하고, 아나누스의 아들로, 역시 아나누스라 불렸던 자로 하여금 그 자리를 잇게 했다. (…) 아나누스는 성정이 급하고 이례적으로 대담한 자였다. 아나누스는 사두가이파를 추종했다. (…) 그는 좋은 기회를 잡았다고 생각했는데, 페스투스는 죽었지만 알비누스는 아직 오고 있는 중이었기 때문이다. 그는 산헤드린의 재판관들을 소집하여, 그들 앞에 그리스도라고 불리는 예수의 형제 야고보라는 자와 몇몇 다른 자들을 끌어오게 했다. 아나누스는 율법을 어겼다는 죄목으로 그들을 고발했고, 그들을 돌로 쳐 죽이도록 했다. 도시에 사는 자들 가운데서 가장 공정한 마음을 가졌고, 율법을 엄격하게 준수하는 자들이 이에 격분했다. 그들은 아그리파스 왕에게 비밀리 사람을 보내어, 아나누스가 더 이상 아무런 행동을 못하도록 막아달라고 요청했다. (…) 아그리파스는 세 달간 최고제사장 자리에 있었던 아나누스의 직위를 박탈하고 다른 자로 교체했다.

이 구절에서 요세푸스는 야고보가 유대인 지도자들에게 살해당해 순교자가 되었지만 유대인들조차 그를 존경해 죽음을 애도했다고 전하고 있다. 요세푸스가 야고보 순교기를 전했다는 사실은 매우 중요하다. 요세푸스는 매우 긴 장문의 이 책에서 기독교 신자들에 대해서는 거의 관심을 보이지 않았다. 기독교 신자들에 대해서 단 3회 언급했는데, 예수, 세례 요한, 그리고 주의 형제 야고보에 대해서 진술했다. 외부자가 보기에 초기 기독교 시대의 가장 중요한 인물이 예수, 세례 요한, 주의 형제 야고보였다는 의미다. 요세푸스의 시각은 역사적 사실을 반영한 것이다. 야고보가 초대 교회인 예루살렘 교회의 최고 지도자로 30여 년간 활동한 사실이 여러 자료에서 명확하게 확인되기 때문이다. 그런데 2세기 이후 기독교 신자들은 야고보의 신학을 계승했던 '유대파 기독교 신자들'을 이단으로 규정하고 교회에서 추방했다. 야고보는 어쩌다가 예루살렘 교회의 최고 지도자에서 이단의 우두머리로 전락하게 되었을까? 대답은 예수의 가르침에 따라서 유대의 율법을 준수했기 때문이다.

앞서 설명했듯이 예수는 유대인의 율법이 일점일획도 없어지지 않을 것이라고 선언했고, 33년경에 세워진 예루살렘 교회는 이 가르침에 따라서 율법을 철저하게 준수했다. 예루살렘 교회가 여타 유대인과 다른 점은 오직 하나밖에 없었다. 그들이 예수를 메시아 즉 그리스도로 믿는다는 점뿐이었다. 주의 형제 야고보는 죽을 때까지 이 견해를 고수했는데, 40년대 후반에 바오로가 그의 노선에 맞섰다. 바오로는 유대인의 율법은 그 생명을 다했으며 기독교 신자들이 만들 새로운 세상에서는 유대인과 이방인의 차별이 사라져야 한다고 주장했다. 바오로의 생존 당시 그의 가르침을 따르는 자는 기독교 내에서 소수파였지만, 바오로의 사후인 1세기 후반부터는 그의 주장이 기독교 내에서 핵심 교리로 등장했다. 그리하여 2세기가 되면 야고보는 보수주의자로 낙인찍혀 역사에서 사라져버리고, 반면 바오로는 예수의 참된 가르침을 세상에 알려준 기독교의 사실상의 창시자로 부각된다.

신약성경은 야고보의 권위를 추락시키고, 바오로의 권위를 높이는 과정에서 만들어진 문서다. 70년경에 쓰인 〈마르코 복음서〉와

〈마태오 복음서〉는 예수의 가족을 소개하면서 야고보를 1~2회 언급했을 뿐이며, 〈루카 복음서〉는 아예 언급조차 하지 않았다. 게다가 〈요한 복음서〉는 "예수의 형제들도 예수를 믿지 아니했다"고 진술함으로써 야고보를 불신자로 규정하기까지 했다(요한 7:5). 또한 초대 교회의 역사서인 〈사도행전〉은 초반부는 베드로를 후반부는 바오로를 주인공으로 설정하고 두 사람을 위주로 초대 교회의 역사를 서술했다. 그렇기에 〈사도행전〉을 '사도들의 행전'이 아니라 '베드로와 바오로의 행전'이라고 불리기도 한다. 신약성경은 이와 같이 베드로와 바오로를 주인공으로 설정하고 그들의 권위를 높이는 한편 다른 인물들의 위상을 축소시키려는 경향성을 강하게 가진 문서다.

삼위일체론, '정통' 교리의 탄생

필립 샤프Philip Schaff라는 유명한 기독교 역사가가 있다. 스웨덴 출신의 개신교 신자이며 신학적으로 매우 정통적이고 보수적인 태도를 취했던 인물이다. 그의 교회사 저술이 우리말로 번역되어 있는데 한 구절을 살펴보자.

엄격하게 말하자면, 니케아 이전 교부들 가운데 모든 점에서 로마 가톨릭 교회의 교리 표준에 부합한 사람은 한 사람도 없다. (…) 아우구스티누스는 가톨릭 신학의 가장 위대한 권위자임에도 불구하고 죄와 은혜에 대한 그의 교리는 트리엔트 공의회에 의해서 단죄를 당했다. (⋯) 교부들의 신학은 개신교 정통 신앙의 표준에는 훨씬 더 부합하지 않는다. 그들에게서는 개신교 교회들이 가르치는 성경의 독점적 권위, 이신칭의, 평신도의 보편적 제사장직 같은 교리들을 찾아볼 수 없다.

이 구절은 흔히 신앙의 모범으로 여겨지고 모든 기독교 신자들이 닮기를 소원하는 초대 교회의 신앙이 현대의 신앙과 매우 달랐다고 지적하고 있다. 그 차이가 거대한 심연이었는지 아니면 조그만 틈새였는지는 시각에 따라 다를 수 있다. 분명한 것은 차이의 존재 자체다. 그리고 이 차이 가운데 가장 크고 중요한 것이 삼위일체 교리다.

325년에 열린 니케아 공의회 그리고 381년에 열린 콘스탄티노폴리스 공의회는 성부 하느님, 성자 예수 그리고 성령 하느님이 본질이 같은 세 위격이지만, '하나'를 이루어서 역사하신다고 천명했다. 여기서는 하나라는 단어가 중요하다. 보통 세 하느님이 '한 분'이 된다는 식으로 이해되고 있는데, 이 때문에 삼위일체를 설명하는 잘못된 비유가 널리 퍼져 있다. 가령 어떤 남자 성인이 실체는 하나인데 자식에게는 부모이고 아내에게는 남편이고 부모에게는 자식이라는 비유가 있다. 이 비유에서 '나'는 하나이지 셋이 아니다. 이렇게 삼위를 '세 실체'로 제시하지 않고 '하나의 실체'로 제시하는 것은 잘못된 이단의 개념이다. 정통 기독교의 교리에서 삼위일체는 세 분이 한 분이라는 것이 아니라 세 분이 '통일된 하나'라는 의미다. 세 분은 각기 별도의 실체를 유지하고 있고, 다만 마치 하나처럼 모든 일에 완벽히 뜻을 같이하고 모든 일을 할 때 협력한다는 것이다. 전문 용어로는 페리코레시스$_{περιχώρησις}$라고 하는데, 이 단어는 여러 사람이 손을 잡고 춤을 출 때 일어나는 '순환'을 가리킨다. 여러 존재가 '상호 침투'하면서 '상호 내주$_{內住}$'한다는 의미다. 조금 어려운 설명인데 그냥 세 분이 하나가 되어서 일하신다고 이해하는 편이 좋겠다.

그런데 니케아 공의회 이전에는 이 교리를 알고 있는 사람이 거의 없었다. 삼위일체 교리가 성립되려면 먼저 예수가 완전한 신으로 규정되어야 했다. 이 땅에 인간의 몸을 입고 태어나서 33년이나 사람들 사이에서 먹고, 자고, 활동했던 인간 예수를 완벽한 신으로 규정하는 작업은 하루아침에 이루어지지 않았다. 신약성경은 이 문제에 관해서 다양한 의견을 제시하고 있다. 최초의 복음서인 〈마르코 복음서〉에서는 예수의 인간적인 면모가 두드러진 반면 가장 늦게 쓰인 〈요한 복음서〉에서는 신적인 면모가 강조되었다. 그래서 〈마르코 복음서〉는 한 번도 예수를 하느님이라고 부르지 않지만, 〈요한 복음서〉는 거듭 예수를 하느님 혹은 하느님과 동격인 존재로 묘사하고 있다. 기독교 교리의 형성에 복음서 못지않게 큰 영향을 끼친 바오로도 복음서의 사고에서 크게 벗어나지 않았다. 바오로는 예수를 '하느님의 아들'이라고 불렀는데, 이 표현은 유대인들도 사용하던 것이었다. 유대인은 이스라엘 왕국의 왕들처럼 하느님과 특별한 관계를 맺거나 하느님으로부터 특별한 권한을 받은 자들을 '하느님의 아들'이라고 부르곤 했다.

2~3세기 기독교의 주류 신자들은 〈요한 복음서〉의 진술을 발전시켜서 예수가 성부 하느님에 버금가는 '제2의 하느님'이라는 논리를 전개시켜 나갔다. 가령 2세기의 대표적인 교부로, 정통 신앙을 고수했으며 순교자라고 숭앙받은 변증가인 유스티노스는 예수를 '제2의 하느님'이라고 불렀는데, '제2의 하느님'은 절대적이고 스스로 존재하시며 신성의 근원이신 제1의 하느님보다는 낮은 존재지만 모든 피조물보다는 높으신 신이라는 의미를 갖고 있다. 이후 예수가 완벽한 신, 성부 하느님과 동격인 분이라는 인식이 점차 기독교 신자들 사이에서 공유되어 갔고, 그 결과 325년 니케아 공의회에서 삼위일체 교리의 기반이 마련되었다.

예수가 하느님의 양자라고?

1~2세기 기독교 주류 세력이 예수의 신성을 점차 높이는 작업을 수행하자 이에 맞서는 무리가 있었다. 그들은 유대주의자 혹은 유대파 신자들이었다. 이들은 주의 형제 야고보의 신앙을 계승하는 자들로 원정통 교회와 다른 노선을 추구했다. 기독교는 유대교에서 분리된 별개의 종교가 아니라 유대교를 완성하는 종교이며, 기독교 신자들이 구원을 받으려면 유대교의 율법을 준수해야 한다고 주장했던 것이다.

2세기에 유대주의자들과 원정통 교회의 대립은 율법을 준수해야 하느냐의 문제에서 예수가 과연 어떤 존재냐의 문제로 넘어가고 있었다. 유대주의자들도 예수를 그리스도로 인정했기에 예수가 보통의 인간이라고 주장하지는 않았다. 그러나 이들에게 예수는 원래 하느님이나 하느님에 버금가는 신적인 존재가 아니라 평범한 인간이었다.

유대주의자들에 의하면 예수는 '평범하게', 즉 정상적인 성관계를 통해서 평범한 여자인 마리아에게서 태어났으며 다른 어떤 인간과도 질적으로 똑같은 존재였다. 그렇지만 예수는 인간 가운데 특별히 의롭게 살았기 때문에 하느님으로부터 양자로 선택을 받았다. 그리고 하느님의 양자가 되는 순간 특별한 권능을 받아서 신적인 존재가 되었다. 여기서 신적인 존재는 천사나 천사보다 조금 높은 존재를 의미한다. 이 주장을 양자론養子論이라고 한다. 예수가 비록 신성을 부여받기는 했지만 결코 하느님과 동격은 아니며 예수를 하느님이라고 부르는 것은 유일신 신앙을 훼손하는 것이다. 천지를 창조하시고 이스라엘 백성을 보호해오셨던 야훼만이 유일하신 하느님이기에, 예수를 하느님이라고 부르는 것은 야훼의 신성을 모독하는 행위다. 이들은 스스로 예루살렘 교회의 정통성을 물려받았다고 주장했으며 2세기에는 상당히 큰 세력을 유지하고 있었다. 특히 시리아, 트랜스 요르단 지역에서 많이 활동했으며, 앞서 설명했던 에비온파도 유대주의자들 가운데 한 무리였다.

역사상 등장했던 수많은 기독교 분파들은 자기네 주장이 옳다고 주장할 때면 성경 구절을 근거로 대곤 했다. 2세기 유대주의자들로 신약성경의 구절들을 제시하면서 자신들이 옳다고 주장했다 (마르 1:9~11, 루카 2:52, 사도 2:22, 로마 1:4, 히브 1:5). 원정통 교회 지도자들과 유대주의자들의 논쟁이 점차 가열되었는데, 그 와중에 원정통 교회의 지도자들은 의도적으로 혹은 무의식중에 유대주의자들의 교리인 양자론의 근거를 성경에서 지워버리려고 성경 본문을 수정 삭제하거나 추가했다.

아버지 요셉 지우기 프로젝트

먼저, 정통 교회 지도자들은 예수가 평범한 인간이 아니라 완벽한 신이라고 주장하고자 예수가 성령에 의해 처녀에게서 태어났다고 주장했다. 필사자들은 이 사실을 노골적으로 강조하기 위해서 〈마태오 복음서〉 1:16을 변개했다. 이 구절의 원문은 "야곱은 마리아의 남편 요셉을 낳았고, 그녀에게서 그리스도라고 불리는 예수가 태어났다"이다. 그런데 시대가 늦은 여러 필사본들에는 마리아 앞에 '처녀'라는 단어가 추가되어 있다. 예수가 처녀에게서 태어났다는 교리를 뒷받침하려는 의도를 가진 필사자들이 의도적으로 변개했기 때문이다.

이렇게 기독교 지도자들은 예수가 처녀에게 태어났다고 주장했는데, 이 주장에 걸림돌이 되는 존재가 있었다. 바로 예수의 아버지 요셉이었다. 요셉을 아버지라고 명시하면 예수가 요셉의 아들 즉 인간의 아들로 여겨질 수 있기 때문이었다. 그래서 원정통 교회 지도자들은 요셉을 예수의 아버지라고 명기한 구절들을 변경했다.

〈루카 복음서〉 2장에 따르면 예수의 부모는 예수가 태어난 지 8일 만에 할례를 시행하고 정결례를 올리기 위해서 예루살렘 성전에 올라갔다. 그때 성전에서 시므온이라는 자가 이 모습을 보고 찬송하며 이제 주의 구원을 보았다고 말했다. 〈루카 복음서〉 2:33은 이 모습을 본 "아버지와 어머니가 놀라기 시작했다"고 전한다. 그런데 대다수의 그리스어 사본, 다수의 라틴어 사본, 시리아어 사본, 콥트어 사본은 이 본문을 "요셉과 그의 어머니가 놀라기 시작했다"로 수정했다. 요셉이 예수의 아버지라는 인식을 희석시키려는 의도에서 고의적으로 '아버지'라는 단어를 삭제하여 본문을 변경시킨 것이다. 이런 변개가 우연이나 실수가 아니라 의도적이었다는 것은 요셉을 아버지라고 표현하고 있는 여러 구절들이 동일하게 변개되었다는 사실에서 확인할 수 있다.

예수의 탄생에 대해서도 흥미로운 논쟁이 있었다. 〈요한 복음서〉 1:13은 예수를 믿는 자들을 가리키며 "이들은 혈통에서나, 육정에서나, 사람의 뜻에서 나지 아니하고, 하느님에게서 났다"고 말했다. 그런데 테르툴리아누스Tertullianus를 비롯한 2~3세기의 원정통 교회 지도자들은 이 구절의 주어가 복수가 아니라 단수라고 주장했고, 라틴 계열의 사본들과 여러 서방 지도자들이 이 견해를 추종했다. 이 문장의 주어를 단수로 설정할 경우 '신자들이' 아니라 '예수가' 하느님에게서 났다는 의미로 해석할 수 있기 때문이었다. 그러나 다수의 사본들은 이 문장의 주어를 복수로 설정했으며 현재 대다수의 학자들이 이 문장의 주어를 복수로 보고 있다. 다시 말해 이구절에서 주어는 예수가 아니라 예수를 믿는 신자들이다. 이 문장의 주어를 단수로 설정했던 원정통 교회의 지도자들은 성경을 수정하고 의미를 훼손했던 것이다.

탄생 이후 가장 논란이 되는 시점은 세례다. 양자론자들은 예수가 세례를 받기 이전에는 평범한 인간이었지만 세례를 받은 순간하느님의 아들로 선택받았다고 주장했다. 이들의 주장을 뒷받침하는 성경 구절로는 〈마르코 복음서〉 1:9~11과 그 평행구가 있다. 그런데 〈루카 복음서〉 3:22 후반절의 경우 필사본마다 내용이 다르다. 대다수의 사본들이 "너는 내 사랑하는 아들이라, 내가 너를 기뻐한다"라고 전하고 있지만, 2~3세기의 몇몇 사본들과 베자 사본은 '너는 내 아들이다. 오늘 내가 너를 낳았다'라고 전한다. 사본 증거로만 보면 "너는 내 사랑하는 아들이라, 내가 너를 기뻐한다"라는 구절이 우세하기에 오랫동안 기독교 신자들은 이 구절이 성경의 원문이라고 생각해왔다. 그러나 2~3세기의 교부들인 유스티노스, 알렉산드리아의 클레멘스Titus Flavius Clemens(로마의 클레멘스와 다른 사람), 오리게네스 등은 베자 사본의 구절이 원문이라고 알고 있었다. 따라서 '너는 내 아들이다. 오늘 내가 너를 낳았다'가 〈루카 복음서〉 3:22의 원문이었을 가능성이 있다. 만약 '오늘 내가 너를 낳았다'라는 표현이 원문이었다면, 이 구절은 예수가 세례를 받는 순간 하느님의 아들이 되었다는 양자론자들의 주장을 뒷받침하는 근거가 된다. 따라서 정통 교회 필사자들이 '오늘 내가 너를 낳았다'는 표현이 마음에 들지 않아서 성서의 원문을 수정했다고 판단하는 것이 옳다.

지금까지 정통 교회 지도자들이 예수가 처녀에게서 태어난 하느님의 아들이라는 교리를 확립하고자 여러 구절을 변개했던 역사를 살펴보았다. 그런데 정통 교회 지도자들은 여기에 만족하지 않고 예수를 가리키는 글자를 하느님이라는 단어로 바꾸기까지 했다. 이런 현상은 〈요한 복음서〉 1:18에 나타난다. 〈요한 복음서〉는 이 구절에서 "일찍이 하느님을 본 사람은 없다. 그렇지만 아버지의 품속에 있었던 하나뿐이신 아들이, 태어나셨다"고 전하고 있다. 그런데 파피루스 사본 66과 75를 비롯한 여러 사본은 이 구절의 '아들$_{υιος}$'을 '하느님$_{θεος}$'으로 바꾸어버렸다. 이렇게 예수를 가리키는 단어를 하느님으로 바꾸어버리는 현상은 〈마르코 복음서〉 1:3, 3:11, 19:40, 〈루카 복음서〉 9:20, 〈요한 복음서〉 12:41, 〈베드로의 첫째 서간〉 5:1, 〈베드로의 둘째 서간〉1:2, 〈티모테오에게 보낸 첫째 서간〉 3:16에서도 관찰된다.

물론 이런 변개들이 모두 의도적으로 이루어진 것은 아니다. 그리스어로 '그 사람은$_{ΟΣ}$'과 '하느님은$_{ΘΣ}$'은 매우 닮았기 때문에, 때때로 필사자들이 실수로 변개를 범했을 가능성이 있다. 그렇지만 원문이 '하느님$_{ΘΣ}$'이라고 되어 있는데 필사자가 '그 사람$_{ΟΣ}$'으로 착각해 고치는 경우는 거의 없고, 반대로 '그 사람$_{ΟΣ}$'이라고 되어 있는데 '하느님$_{ΘΣ}$'으로 바꾸는 경우가 대부분이었다. 초기 기독교의 필사자들이 예수를 평범한 인간이 아니라 완전한 신이라고 믿고 있었고, 나아가 하느님이라고 표현하고 싶은 욕구를 강하게 가지고 있었기 때문일 것이다.

이렇게 원정통 교회 필사자들은 예수를 하느님으로 만들고자 노력했다. 그런데 성경에 이 교리에 어긋나는 것으로 보이는 구절이 있으면 어떻게 할 것인가? 〈마르코 복음서〉와 〈마태오 복음서〉에는 "그 날과 그 때는 아무도 모른다. 하늘에 있는 천사들도 아들도 모르고, 아버지만 아신다"는 구절이 있다(마르 13:32, 마태 24:36). 이 구절을 글자 그대로 읽는다면 분명 '아버지'와 '아들'은 다른 존재다. 몇몇 정통 교회의 필사자들은 이 구절이 갖고 있는 심각성에 불편을 느껴서 문제가 되는 구절 즉 '아들도$_{οὐδὲ ὁ υἱος}$'를 아예 삭제해버렸다.

만들어진 신, 예수

정통 교회의 필사자들은 삼위일체 교리에 어긋나 보이는 단어를 삭제하는 것으로 만족하지 않았다. 비록 후대의 일이지만 근대 초에 매우 흥미로운 일이 있었다. 중세 이래 기독교 신자들은 삼위일체가 신약성경에 확고한 근거를 갖고 있으며, 〈요한의 첫째 서간〉 5:7이 그 증거라고 이야기해왔다. 중세 불가타 성경에 "하늘에서 세 분, 즉 아버지, 말씀, 성령이 증거하신다. 그리고 이 세 분은 하나이다"라고 되어 있었기 때문이다.

그러나 이 구절은 후대의 삽입이 분명하다. 고대의 좋은 필사본들에 나오지 않고 4세기 이전에 인용한 교부가 한 명도 없었기 때문이다. 불가타 성경을 만든 히에로니무스조차 인용하거나 언급한 적이 없다. 2세기 이후 기독교 지도자들이 삼위일체 교리를 수립하고자 필사의 노력을 경주했는데 아무도 이 구절을 인용하지 않았다니 도무지 이해되지 않는다. 필사본 연구에 따르면 불가타 성경 초판본에는 이 구절이 없었다. 5세기경 삼위일체 교리가 성경에 들어 있으면 좋겠다고 생각한 라틴 계열의 필사자가 이 구절을 제멋대로 창작해서 본문에 포함시켰고, 그가 만든 필사본이 널리 유통되면서 약 800년경 불가타 성경에 본문으로 자리 잡았다. 그 뒤 모든 기독교 신자들이 원래 성경에 있었던 구절로 여기게 되었다.

이에 대한 최초의 문제 제기는 에라스무스에게서 나왔다. 앞서 설명했듯이 그는 매우 시대가 늦은 그리스어 필사본을 가지고 성경 원문 연구를 하고 있었다. 그런데 그리스어 필사본들에는 이 구절이 없었다. 에라스무스는 이 구절이 후대에 삽입되었다고 판단해서 자신의 그리스어 성경을 처음 출판할 때 삭제해버렸다. 그러자 기독교계가 발칵 뒤집어졌다. 신약성경에서 가장 중요한 구절이 없는 성경이 출판되었기 때문이다. 많은 교회 지도자들이 이의를 제기하면서 에라스무스에게 빨리 그 구절을 포함해서 성경을 다시 발행하라고 압력을 넣었다. 에라스무스는 2판을 낼 때까지는 학자로서의 양심을 지켰지만 3판에는 압력을 이기지 못하고 이 구절을 추가했다. 전하는 바에 따르면, 초판 발행 이후 여러 신학자들이 이 구절을 포함시키라고 압력을 넣자, 만약 그 구절을 포함하고 있는 그리스어 사본이 하나라도 나오면 포함시키겠다고 에라스무스가 응수했다고 한다. 반대자들은 그리스어 사본을 샅샅이 뒤졌는데 그 구절을 포함한 사본을 하나도 찾을 수 없었다. 그래서 그들은 성경을 조작하기로 마음먹었다. 이 구절을 포함한 그리스어 필사본을 만든 뒤 그것이 '발견되었다'고 주장했던 것이다. 에라스무스는 이 소식을 듣고는 석연치 않았지만 약속을 지킨다는 핑계로 그 구절을 3판에 포함시켰다.

이런 사정인데도 킹 제임스 판본의 번역자들은 에라스무스의 출판본과 시대가 늦은 사본들을 참고로 했기에 이 구절이 후대에 삽입되었다고 판단하지 않고 성경 본문에 그냥 두었다. 세월이 흐른 뒤 사본학 연구가 발달하면서 오늘날에는 매우 보수적인 학자들도 이 구절은 후대의 삽입이라고 인정하고 있다. 한글 번역 성경 대부분이 킹 제임스 판본을 버리고 다른 본문을 택하고 있는 이유도 그래서다.

5

그 신은 인간이어야 했다

지오토의 작품 속 예수는 십자가 처형의 순간에도 사뭇 평화롭고 고요하다. 하지만 〈마르코 복음서〉와 〈루카 복음서〉의 예수는 피땀을 흘리고 "나의 하느님, 나의 하느님, 어찌하여 나를 버리셨나이까?"라고 부르짖고는 죽는다. 1305~1307년경. 이탈리아 파도바 스크로베니 예배당.

영지주의자 대 정통 교회

4장에서는 초기 기독교 지도자들이 예수를 완벽한 신으로 만들기 위해서 성경 본문을 변개한 역사를 살펴보았다. 그런데 정통 교회의 교리에 의하면 예수는 완벽한 신이자, '철저한 인간'이었다. 예수는 육신을 입고 이 땅에 태어나서 남들과 똑같이 철저한 인간으로 살다가 십자가에서 죽음으로써 인간에게 구원을 길을 열었다는 것이다. 2~3세기에 정통 교회의 교리의 두 번째 측면, 즉 예수가 철저한 인간이라는 교리에 이의를 제기하는 집단이 있었다. 이들은 예수에 대한 믿음이 아니라 영지gnosis, 즉 '신령스러운 지식'을 깨달음으로써 구원을 받을 수 있다고 주장했기 때문에 보통 영지주의자라고 불린다.

영지주의는 기원전 3~2세기부터 발달한 종교 사상이다. 영지주의의 탄생에는 헬레니즘의 영향이 컸다. 기원전 4세기 말 알렉산드로스가 그리스에서 인도에 이르는 광활한 지역을 통일하면서 여러 지역에 존재했던 종교와 문화가 뒤섞이는 현상이 강력하게 진행되었다. 인도의 브라만교와 힌두교, 이집트의 신비주의, 이란의 조로아스터교, 아시아의 미트라교, 이스라엘의 유대교, 그리스의 신화와 철학 등이 여러 가지 혼합 종교를 탄생시켰다. 영지주의는 이런 혼합 종교의 하나로 특징은 크게 두 가지다. 먼저, 비밀스러운 지식이나 계시를 강조한다. 자기네가 중요하게 여기는 인물이 신이나 신적인 존재로부터 특별한 계시나 지식을 받았으며, 그 계시나 지식이 인간의 구원에서 중요한 역할을 한다고 주장했다. 두 번째, 영지주의는 이원론적인 성격을 띤다. 이원론에 따르면, 세상에는 빛과 어둠, 진리와 불의, 영혼과 육체와 같은 서로 상반되는 요소들이 대립하고 있다. 특히 영혼과 육체의 대립이 영지주의 교리에서 중요한 역할을 했다. 영혼은 순수하고 신적인 요소로 이루어져 있는 데 반해서 육체는 사악하고 무가치한 물질로 이루어져 있다. 육체는 영혼을 가두는 감옥에 지나지 않기에 인간이 죽으면 육체는 썩고 영혼은 은하수 너머의 세계로 여행해 신의 세계로 간다.

1세기 말부터 기독교 신자들 가운데 일부가 영지주의를 받아들여 기독교-영지주의가 발달했다. 기독교-영지주의자들은 원정통 교회를 주도했던 대부분의 사도들이 예수의 말씀을 제대로 이해하지 못했기 때문에 중요한 진리는 몇몇 총명한 제자들에게만 비밀스럽게 계시해주었다고 주장했다. 그런 총명한 제자로는 토마스, 주의 형제 야고보, 마리아 막달레나 등이 있다고 했다. 이렇게 자기네 교파의 최초 지도자로 손꼽는 인물이 서로 다른 것은 영지주의와 정통 교회가 예수의 후계자가 누구인지를 두고 '계승 전쟁'을 벌였다는 의미다. 이 계승 전쟁은 4세기까지 매우 강렬하게 진행되었다. 2~3세기 영지주의자들은 로마, 이집트, 동방에서 정통 교회 못지않게 많은 신자들을 확보했다. 또한 이들은 〈토마스 복음서〉, 〈마리아 막달레나 복음서〉, 〈유다 복음서〉와 같은 많은 문서들을 만들었다. 그렇지만 4세기에 원정통 교회 지도자들은 로마 황제 콘스탄티누스에게 요구해 이들을 이단으로 규정하고 이들이 사용하던 문서를 모두 불태우게 했다. 이리하여 영지주의는 소수 세력으로 몰락하고 정통 교회가 수립되었다. 따라서 정통 교회가 영지주의에 승리했던 것은 순전히 황제의 폭력적인 개입 때문이었다.

2세기에 활동했던 대표적인 영지주의자는 마르키온Marcion이었다. 마르키온은 100년경 소아시아의 작은 도시인 시노페에서 주교의 아들로 태어났고 에페소에서 공부한 후 139년경에 로마로 이주했다. 로마에 도착한 초기에 교회를 위해서 거액을 희사했고 뛰어난 지식을 과시해서 로마 교회의 지도자로 인정받았다. 5년이나 로마 교회의 지도자로 활동하다가, 144년에 로마 교회 신자들의 모임에서 자신의 독특한 신앙을 공개 토론에 부쳤다. 로마 교회의 장로 회의는 그의 신앙을 들어본 뒤에 정통 교회에서 수용할 수 없는 이단이라고 규정하고 파문을 선고했다. 이후 마르키온은 로마 교회에서 뛰쳐나와 독자적인 교회를 세우고 신자들을 끌어모았다. 그런데 그의 주장에 동조하는 신자들이 정통 교회의 신자 수를 능가할 정도로 많았고, 그 교리를 추종하는 교회들이 로마와 이탈리아, 이집트, 팔레스타인, 아라비아, 시리아, 소아시아, 페르시아를 비롯한 '전 세계'에 세워졌다. 마르키온이 죽은 뒤 그의 가르침을 추종하는 세력이 점차 줄어들기는 했지만 5세기에도 여전히 강한 세력을 형성하고 있었다. 이 사실은 5세기에 키루스의 주교인 테오도레 Theodoret가 남긴, 자신이 천 명이 넘는 마르카온파 신도를 정통 교회로 개종시켰다는 말에서 확인할 수 있다.

인간의 탈'만' 쓴 예수?

2~3세기에 큰 세력을 형성하면서 정통 교회를 위협했던 영지주의자들 다수는 이른바 가현설假現說을 믿고 있었다. 이 교설에 따르면 예수는 마치 인간처럼 보였을 뿐 실제로는 육체를 가진 인간이 아니었다. 그런데 예수가 육체를 입은 것처럼 보였던 방식에 대해서는 영지주의자들 내부에서도 의견이 엇갈렸다. 어떤 영지주의자들은 예수가 육체를 입었다는 주장을 완전히 부정한다. 예수는 도깨비처럼 인간의 눈에는 보이지만 육체는 아예 있지도 않았다는 것이다. 다시 말해서 정말로 육체를 가진 것처럼 보였을 뿐이다. 다른 영지주의자들은 예수가 육체를 지녔다고 인정했지만 평범한 인간의 것이 아니라 이상적인 물질로 구성된 초월적인 육체라고 주장했다. 또 다른 이들은 예수가 육체를 지녔다고 인정했지만 어떤 사람의 육체 속에 잠시 들어갔다가 십자가 처형 때 그 육체를 떠났다

고 주장했다. 십자가에서 예수의 영혼이 떠나버렸기 때문에 십자가에서 죽은 사람은 예수가 아니라 평범한 인간일 뿐이라는 것이다. 그렇다면 예수의 십자가 죽음은 인간을 구원하는 일과는 아무런 관련이 없게 된다.

영지주의자들이 이렇게 가현설을 주장할 수 있었던 것은 성경에서 근거를 찾을 수 있기 때문이었다. 그들은 특히 〈마르코 복음서〉의 다음 구절을 중요시했다.

> 그 무렵에 예수께서는 갈릴래아 나자렛에서 요르단강으로 오셔서 요한에게 세례를 받으셨다. 그리고 물에서 올라오실 때 하늘이 갈라지며 성령이 마치 비둘기처럼 그에게 내려오시는 것을 보셨다. 그때 하늘에서 "너는 내 사랑하는 아들이다. 내가 너를 기뻐하노라" 하는 소리가 들려왔다.(마르 1:9~11)

이 대목에서는 성령이 비둘기처럼 예수에게 내려왔다는 구절이 논란의 대상이 되었다. 글자 그대로 읽으면 그리스도의 영혼인 성령이 비둘기 모양을 하고 인간 예수에게 들어갔다고 이해할 수 있기 때문이다. 번역본에서는 잘 드러나지 않지만, 이 구절의 핵심 단어를 그리스어 원문으로 보면 왜 논란의 대상이 되었는지 쉽게 파악할 수 있다. 그리스어 원문에는 성령이 예수에게 임하는 순간이 '에이스εἰς'라는 전치사로 표현되어 있다. '에이스'는 '~속으로'라는 뜻이다. 글자 그대로 읽으면 성령이 예수 밖에 있다가 속으로 들어갔다는 말이다. 이렇게 해석하면 성령이 인간 예수의 몸 안으로 들어갔고 예수 안에서 활동했다. 그러다가 예수가 십자가에 매달릴 때 몸 밖으로 나왔다. 인간 예수와 성령은 별개의 존재고 성령은 예수라는 인간을 통해서 마치 육체를 입은 것처럼 보였을 뿐이다.

영지주의자들이 〈마르코 복음서〉의 구절을 근거로 대면서 인간인 예수의 육체에 성령이 들어갔고 예수는 육체를 성령에 빌려주는 존재였다고 주장하자, 이른바 정통 교회의 필사자들은 이 구절에서 '에이스$_{εἰς}$'를 '에피$_{ἐπι}$'로 바꿔버렸다. '에피'는 '~위에'라는 뜻이다. 이렇게 바꾸면 성령이 예수 안으로 들어가는 것이 아니라 예수 위에 임하는 것이 된다. 그런데 '에이스'를 '에피'로 바꾸어도 영지주의자들이 주장을 굽히지 않았다. '성령이 예수 위에' 임했다는 것 역시 '성령과 예수는 원래 다른 존재였고, 예수가 세례를 받을 때 예수와 하나가 되었다'고 해석할 수 있기 때문이다. 그러자 일부 정통 교회의 필사자들은 다시 '에이스'를 '프로스$_{προς}$'로 바꾸었다. '프로스'는 '~에게로'라는 뜻이다. 이렇게 바꾸면 '성령이 비둘기 모양으로 예수에게 다가갔다'고 해석된다. 성령과 예수가 세례를 받을 때 하나가 되었다는 해석을 막으려는 의도였다. 이렇게 원정통 교회 지도자들은 성경을 계속 변개하고는, 자기네는 성경의 원문을 충실히 따르고 있는데 영지주의자들이 원문을 바꿔서 의미를 훼손했다고 비난하곤 했다. 그러나 많은 고대 필사본이 발견되면서 이 논쟁에서 성경의 원문을 변경한 자들은 영지주의자들이 아니라 원정통 교회의 지도자들이었음이 밝혀졌다.

예수의 피땀과 절규의 진실

원정통 교회 필사자들은 성경의 원문을 자기네한테 유리하게 변개해가며 그들의 교리를 지키고자 했다. 게다가 성경의 글자를 바꾸는 데 머물지 않고 원문에 없는 구절을 삽입하기도 했다. 〈루카 복음서〉 22:42~44에 따르면, 예수는 십자가에 못 박히기 전에 다가오는 수난의 고통을 예감하고 그 무게에 짓눌려서 기도하면서 "핏방울 같은 땀을 흘렸다."

기독교 신자라면 이 이야기를 누구나 알고 있고 과학적으로도 가능하다고 말하는 이들도 있다. 2세기의 기독교 지도자들, 즉 유스티노스, 이레나이우스, 히폴리투스Hippolytus는 이 구절에 근거해 예수가 실제로 육체를 지녔기 때문에 '피땀'을 흘릴 수 있었다고 주장하면서 가현설주의자들을 공격했다. 그러나 오래되고 좋은 여러 사본, 가령 파피루스 사본 69, 75 등에는 이 구절이 없다. 〈루카 복음서〉의 원문에는 들어 있지 않았는데, 2세기 언젠가에 정통 기독교를 신봉하는 필사자가 의도적으로 삽입한 구절로 보인다. 물론 그렇게 삽입했던 이유는 예수가 땀을 흘리는 100퍼센트 인간임을 강조함으로써 가현설을 주장하는 영지주의자들을 공격하기 위해서였다. 이 구절이 삽입된 것인지 아직까지도 논란은 있지만 후대의 삽입이라는 주장이 적어도 한줌도 안 되는 이들의 헛소리라고 치부되지는 않는다. 최신 공동번역 성경은 문제의 그 구절을 삭제했는데 다수의 신학자들이 문제의 구절이 삽입되었다고 인정한 결과다.

예수의 십자가 처형 장면도 논란거리였다. 최초의 복음서인 〈마르코 복음서〉에서 예수는 "엘로이, 엘로이, 레마 사박타니?"라고 부르짖고는 죽었다. "나의 하느님, 나의 하느님, 어찌하여 나를 버리셨나이까?"라는 말이다(마르 15:34). 그런데 그리스어 원문을 보면 '에이스 티 엥카텔리페스_εἰς τί ἐγκατέλιπες'라고 되어 있는데 직역하면 '어찌하여 나를 버리고 떠나십니까?'라는 뜻이다. 영지주의자들은 이 문장을 내세우며, 예수 안으로 들어갔던 그리스도가 예수가 십자가에 못 박힐 때 예수를 떠났으며 십자가에 못 박혀 죽은 자는 그리스도가 아니라 인간 예수일 뿐이라고 주장했다. 영지주의자들의 이런 주장은 기독교 신앙의 근간을 뒤흔드는 중요한 문제였다. 기독교 지도자들은 태초부터 존재하셨던 그리스도가 육체를 입고 이 땅에 오셔서, 손수 죽음으로써 이 세상의 모든 죄를 씻어버리고 모든 사람에게 구원의 길을 열었다고 설명한다. 그런데 영지주의자들은 십자가에서 죽은 것은 그리스도가 아니라 인간 예수일 뿐이기 때문에 십자가 사건은 인간의 구원과 아무런 관련이 없다고 했던 것이다.

예수의 십자가 죽음이 갖는 의미에 대해서 논란이 거세지자, 정통 교회 지도자들은 그 구절을 글자 그대로 새겨서는 안 되고 '버리셨나이까'로 읽어야 한다고 주장했다. 그들에 따르면, 이 구절에서 예수는 완벽한 신이지만 또한 자신이 '철저한' 인간이라는 사실을 만천하에 보여주고자 의도적으로 인간적인 면모를 드러냈다. 따라서 영지주의자들의 방식으로 해석하는 것은 잘못이다. 이렇게 설명하면서 영지주의자들을 반박하던 원정통 교회 지도자들은 그들의 반박이 궁색하여 별로 효과를 거두지 못하자, 아예 본문을 바꾸어버렸다. 몇몇 서방 사본들 즉 2세기 이후 서방 지역의 교회들에서 사용된 것으로 추정되어온 사본들은 이 구절의 동사 '엥카텔리페스ἐγκατελιπες'를 '오네이디사스ωνείδισάς'로 바꾸었다. '왜 저를 나무라십니까'라고 말이다. 원정통 교회의 지도자들은 자기네가 이렇게 바꿔놓고는 본디 원문이 그랬다는 강변을 일삼았다.

6

부활한 예수의 빈 무덤

러시아의 성상화가 루블료프Андрей Рублев의 〈그리스도의 승천〉. 예수의 승천 장
면을 묘사하고 있는 〈마르코 복음서〉 16:9~20은 그 진정성을 심각하게 의심받
고 있다. 1408년. 러시아 모스크바 트레차코프 국립미술관.

꺾쇠 속의 〈마르코 복음서〉 16:9~20

〈마르코 복음서〉는 최초의 복음서이기에 예수의 삶과 행적에 대한 가장 중요한 자료다. 예수의 일생에서 중요한 사건이 여럿 있었지만, 가장 중요한 것은 역시 죽었다가 부활해 자신이 '그리스도'임을 입증한 것이다. 〈마르코 복음서〉는 다음과 같이 전한다.

예수께서 주의 첫날(일요일) 이른 아침에 부활하신 이후 생전에 일곱 귀신을 쫓아내어주신 마리아 막달레나에게 먼저 나타나셨다. 예수와 함께했던 사람들이 슬퍼하고 울고 있을 때 마리아가 그들에게 가서 이 일을 알렸다. 그러나 그들은 예수가 살아나셨다는 것과 그 여자에게 나타나셨다는 소리를 듣고도 믿지 아니했다. 이 일이 있은 후에 이 사람들 가운데 두 명이 시골로 걸어가는데 예수께서 다른 모양으로 나타나셨다. 그들이 가서 남아 있는 자들에게 알렸으나 또한 믿지 않았다. 그 후에 열한 제자가 식사를 하고 있을 때 예수께서 나타나셔서, 그들이 믿음이 없음과 마음이 완고함을 꾸짖으셨다. 그들이 예수가 살아나신 것을 본 자들의 말을 믿지 않았기 때문이다. 그리고 너희는 온 세상으로 가서 모든 창조물에게 복음을 전파하라고 말씀하셨다. 믿고 세례를 받은 사람은 구원을 받을 것이다. 그러나 믿지 않은 자는 심판을 받을 것이다. 믿는 자들에게는 이런 표적이 따를 것이다. 그들이 내 이름으로 귀신을 쫓아낼 것이고, 새로운 방언으로 말할 것이다. 그들은 뱀을 집으며, 어떤 치명적인 것을 마셔도 무사할 것이다. 병든 사람에게 손을 얹으면 나을 것이다. 주님께서 그들에게 이렇게 말씀하신 후에 하늘로 들어 올려져서 하느님 오른편에 앉으셨다. 제자들이 사방으로 가서 전파하니, 주님께서 표적들을 보여주시어 그의 말씀이 옳다는 것을 증명하셨다.(마르 16:9~20)

이 구절들은 예수가 부활했고, 마리아 막달레나를 처음 만났으며, 갈릴래아에서 제자들을 만나서 온 세상에 복음을 전파하라는 사명을 준 후에 하늘로 승천했다고 명확히 전한다. 초기 기독교 시절 이후 오늘날까지 기독교 신앙의 중추를 이루는 핵심 내용이다.

그런데 바티칸 사본과 시나이 사본을 비롯해 연대가 오래되고 공신력이 높은 필사본들에 이 구절들이 없다. 이 사본들에서 〈마르코 복음서〉는 16:8로 끝난다. 그리고 3세기의 교부인 알렉산드리아의 클레멘스, 오리게네스는 16:8로 끝나는 〈마르코 복음서〉를 읽었다고 전하며, 유세비우스로도 알려진 4세기의 교부 에우세비오스 Eusebios는 〈마르코 복음서〉 16:8로 끝나지 않는 여러 버전의 〈마르코 복음서〉가 유통되고 있지만 "대부분의 필사본이 16:8로 끝나는 것으로 보아 원본이 16:8로 끝났음이 틀림없다"고 말했다. 더욱이 〈마르코 복음서〉 16:9~20의 신학과 문체가 이전의 〈마르코 복음서〉와 크게 다르다.

이런 사정으로 대다수의 연구자들은 후대에 삽입된 것이 분명한 16:9 이하를 모두 삭제해야 한다고 생각하고 있다. 나아가 전문 연구자들뿐만 아니라 교회 지도자들도 이 구절을 삭제해야 할지를 심각하게 고려하고 있다. 가령 한글 성경들인 개역개정, 개역한글, 새번역 성경이 이 구절들을 꺽쇠 속에 넣었는데, 앞서 언급했듯이 성경 구절을 꺽쇠나 괄호 속에 넣는 것은 원문의 진정성이 심각하게 의심되고 있다는 표시다.

사라졌던 예수가 나타난 까닭

전문 연구자들은 물론 기독교 지도자들까지 〈마르코 복음서〉 16:9~18을 삭제해야 하나 고민 중인 상황을 앞서 살펴보았다. 그런데 초기 기독교 시기에는 16:8로 끝나지 않는 여러 버전의 〈마르코 복음서〉가 있었다. 일단 〈마르코 복음서〉 16:1~8에서 묘사된 예수의 부활 이야기를 읽어보자.

안식일이 지난 후 마리아 막달레나, 야고보의 어머니 마리아, 살로메가 예수의 몸에 발라드리려고 향료를 샀다. 그들은 주의 첫날 매우 일찍 해가 돋은 후에 예수의 무덤으로 갔다. (…) 그들이 무덤 안으로 들어갔더니 한 청년이 흰옷을 입고 오른편에 앉아 있는 것을 보았다. 그들이 크게 놀라자, 청년이 그들에게 "놀라지 말라. 너희가 십자가에 달리셨던 나자렛 사람 예수를 찾고 있구나. 예수는 부활하셨고 여기에 계시지 않다. 보아라. 여기가 예수의 시체를 모셨던 곳이다. 자, 가서 제자들과 베드로에게 예수께서는 예전에 그가 말씀하신 대로 그들보다 먼저 갈릴래아로 가실 것이니 거기서 그분을 만나게 될 것이라고 전하라"고 말했다. 여자들은 속히 무덤에서 나와서 도망쳤다. 그들은 몹시 놀라서 떨었다. 그들은 무서웠기 때문에 누구에게도 아무것도 말하지 못했다.(마르 16:1~8)

이 구절들에는 꽤 당혹스러운 면이 있다. 예수가 부활했다고 전하고 있지만 부활한 이후 예수의 행적에 대해서는 아무것도 언급하지 않고 있기 때문이다. 아무도 부활한 예수를 만나지 못했던 것이다. 마리아 막달레나도, 베드로도, 예수의 다른 제자 가운데 누구도 예수를 보지 못했다. 오직 여자들이 예수가 부활했다는 소리를 '청년'으로부터 들었을 뿐이다. 그렇다면 예수의 부활은 단순한 소문에 지나지 않을 수도 있었다. 제자들이 예수가 부활했다고 주장하자 유대인들은 제자들이 예수가 부활했다고 헛소문을 퍼뜨리고 있다고 반박했다. 이런 상황에서 기독교 신자들이 중요하게 여기는 문서인 〈마르코 복음서〉에 부활한 예수를 만난 사람이 없다고 진술되어 있는 것은 문제가 될 수 있었다.

2세기 이후에 〈마르코 복음서〉를 읽던 기독교 신자들은 문제의 소지가 있는 부활 증언을 더 이상 방치해서는 안 되고 원본을 변개해 보충해야 한다고 생각하게 되었다. 한두 사람이 아니라 수십 명이 이런 생각을 가지게 되었고 16:8을 보충하려는 다양한 시도가 이루어졌다. 그래서 고대의 필사본들을 모아보면 16:8로 끝나지 않는 수십 개 버전의 〈마르코 복음서〉가 등장한다. 이렇게 변개된 필사본들은 크게 네 개 유형으로 묶을 수 있다.

첫 번째, 어떤 기독교 신자는 16:8 이후에 "그들(마리아 막달레나와 여성들)은 명령받은 것을 모두 베드로 주변에 있는 사람들에게 간략하게 전했다. 그 후 예수께서 신성하고 썩지 않은 영원한 구원을 동쪽 끝에서 서쪽 끝까지 전하라고 말씀하셨다. 아멘"을 삽입했다. 이를 '짧은 끝맺음'이라고 부른다. 이 끝맺음은 4세기나 5세기에 작성된 보비엔시스 코덱스Codex Bobiensis에 처음 나타난다. 그렇지만 3세기의 교부인 카르타고의 키프리아누스Cyprianus가 이 구절을 알고 있었기에 이 끝맺음은 늦어도 3세기 초반에 나타난 것으로 추정된다.

두 번째, 어떤 기독교 신자는 오늘날의 성경에 포함되어 있는 〈마르코 복음서〉 16:9~18을 만들어냈다. 이것은 '긴 끝맺음'이라고 부른다. 앞서 설명했듯이 시나이 사본과 바티칸 사본을 비롯한 고대의 주요 사본들에는 이 구절이 없다. 그렇지만 16:9~18이 삽입된 〈마르코 복음서〉는 매우 일찍 유통되었음이 틀림없다. 2세기 후반의 교부인 이레나이우스와 타티아노스가 이 구절들을 보았다고 증언하고 있으니, 아마 2세기 중반 언젠가 원문에 삽입되었을 것이다. 그런데 매우 흥미롭게도 아르메니아 계열의 사본들에서는 이 긴 끝맺음이 〈마르코 복음서〉 16:8 뒤가 아니라 〈요한 복음서〉나 〈루카 복음서〉 끝부분에 나타난다. 원래 긴 끝맺음이 본문이 아니라 각주 부분에 있다가 본문에 편입되었을 가능성을 시사하는 대목이다.

세 번째, 짧은 끝맺음과 긴 끝맺음을 합쳐서 실은 필사본들이 있다. 7~9세기의 대문자 사본들에 이런 유형이 나타난다. 짧은 끝맺음과 긴 끝맺음이 합쳐질 때는 짧은 끝맺음이 항상 앞에 오는데 짧은 끝맺음이 매우 신성하게 여겨졌다는 의미다.

네 번째, 긴 끝맺음을 더욱 확장한 본문을 담고 있는 사본들이 있다. 앞서 소개한 긴 끝맺음의 본문을 보면 16:14에서 예수는 자기가 부활한 것을 목격한 사람들을 제자들에게 보냈건만 제자들이 믿지 않았음을 몹시 꾸짖었다. 그런데 15절에서 예수는 꾸짖다가 말고 갑자기 제자들에게 "온 세상으로 가서 모든 창조물에게 복음을 전파하라"고 명령한다(마르 16:14~15). 상식적으로 잘 설명이 되지 않는 장면이다. 예수가 꾸짖었으면 제자들이 핑계를 대거나 반성하는 이야기가 이어져야 하지 않을까? 이렇게 생각했던 어떤 기독교 신자는 14절 뒤에 다음 내용을 추가했다.

그러자 그들은 스스로를 변호하여 말했다. "이 불법과 불신의 시대는 사탄 아래 있습니다. 그는 악한 영을 통해서 하나님의 진리와 권능을 받아들이지 못하도록 합니다. 그러니 지금 주님의 의를 계시하여 주십시오." 그들이 그리스도에게 이렇게 말하자, 그리스도께서 대답하셨다. "사탄의 권세 시대가 끝났다. 그러나 다른 끔찍한 일들이 다가오고 있다. 그리고 그들이 죄를 지었기 때문에 그것을 위해 내가 죽음으로 넘겨졌다. 그들이 진리로 돌이키고 다시는 죄를 짓지 않도록, 그들이 하늘에 있는 영적이고 영원한 의의 영광을 상속하도록 하기 위함이다."

이미 한 번 원문을 수정해서 만들어진 긴 끝맺음을 추가로 변개한 이 구절은 5세기에 작성된 것으로 추정되는 프리어 사본Codex Freerianus에 처음 등장한다. 프리어 사본의 변개는 매우 중요한 의미를 갖고 있다. 프리어 사본은 5세기에 만들어졌는데 신약성경의 정경화가 완성된 시기였다. 이 시기부터 정경으로 확정된 신약성경 27권은 신성한 권위가 있는 까닭에 함부로 고쳐서는 안 된다는 인식이 역사적으로 확립되고 본문에 대한 변경이 중단되었다고 통상적으로 이해된다. 그런데 프리어 사본의 이 확장 문단은 이런 이해와 달리 5세기에도 성경 본문의 변개가 빈번히 일어났을 가능성을 보여준다.

네 개의 변개된 버전이 유통되면서 원래의 버전은 점점 잊혔다. 기독교 지도자들은 〈마르코 복음서〉의 원문과 가장 가까운 버전은 불완전해서 버려야 한다며 네 개의 변개된 버전 가운데 긴 끝맺음을 가장 선호했다. 특히 5세기 초에 히에로니무스가 불가타판에 이 구절을 포함시켰기 때문에 중세 중기 이후 이 버전이 다른 것들을 제치고 오랫동안 〈마르코 복음서〉의 원문으로 군림해왔다.

〈마르코 복음서〉의 이유 있는 수난

〈마르코 복음서〉 16장의 긴 끝맺음에 대해서 좀 더 생각해볼 것이 있다. 긴 끝맺음은 순전한 창작물이 아니라 〈마태오 복음서〉와 〈루카 복음서〉, 〈사도행전〉의 내용이 뒤섞인 혼합물이다. 참으로 아이러니가 아닐 수 없는데, 앞서 설명했듯이 〈마태오 복음서〉와 〈루카 복음서〉가 〈마르코 복음서〉보다 후대에 작성되었고 〈마르코 복음서〉의 많은 부분을 베껴 썼기 때문이다. 그런데 이제 다시 〈마르코 복음서〉가 두 복음서를 베끼게 되다니! 한편으로는 복음서 저자들이 복음서들의 내용을 가급적 조화 통일시키려는 욕구를 느끼기도 했겠지만.

하여튼 〈마르코 복음서〉 16:1~8을 보충하려는 다양한 시도는 성서의 원문이 수없이 변개되었음을 명확히 보여준다. 그런데 사복음서 가운데 특히 〈마르코 복음서〉의 변개가 많이 이루어졌다. 〈마르코 복음서〉는 그 첫 구절부터 문제다. 오늘날의 성경을 보면 〈마르코 복음서〉 1:1은 "하느님의 아들 예수 그리스도의 복음의 시작"으로 되어 있다. 그런데 이 구절 가운데 '하느님의 아들'이라는 문구가 원문에 있었는지에 대해서 고대 필사본들이 보여주는 증거는 상이하다. 여러 사본들(ℵ, A, B, D, K, L, W, Δ, Π, 33)에 있기는 하지만, 무시할 수 없는 중요 사본들(ℵ*, θ, 28)에는 없는 것이다. 또한 〈마르코 복음서〉에 대한 오리게네스의 글에도 '하느님의 아들'이라는 구절이 없다. 이렇게 사본 증거들이 일치하지 않은 상황에서 원문이 어땠는지 어떻게 판단할 수 있을까? 사본 증거만을 보면 오히려 "하느님의 아들 예수 그리스도의 복음서의 시작"이라는 구절이 원문이었을 가능성이 좀 더 높다. 앞서 보았듯이 좀 더 많은 필사본이 그렇게 되어 있기 때문이다.

그러나 '하느님의 아들'이라는 구절이 초기 기독교 교리에 매우 합치하는 점과 그 구절이 〈마르코 복음서〉의 첫 부분에 있다는 점을 감안하면, 문제의 구절을 어떤 초기 기독교의 필사자가 실수로 삭제했다고 보기는 힘들다. 이 경우에는 원래 그 구절이 있었는데 일부 필사자들이 삭제했다기보다는, 누군가 의도적으로 그 구절을 삽입했고 그것을 다수의 필사자들이 반복했다고 판단하는 것이 옳다. 이외에도 〈마르코 복음서〉에서는 예수의 인간성과 신성에 관련된 구절이 많이 변개되었다.

사복음서 가운데 〈마르코 복음서〉의 변개가 특히 많이 이루어진 것은 가장 오래되어서이기도 하지만, 그보다는 가장 이른 시기의 교리 혹은 원시 기독교의 모습을 담고 있기 때문이었다. 예수 사후부터 기독교의 교리는 끊임없이 변해왔으며, 어느 정도 변화가 멈춘 것은 5세기 초 아우구스티누스Augustinus가 여러 교리를 체계적으로 정리한 이후의 일이다. 아우구스티누스는 필생의 투쟁과 연구를 통해서 오늘날 기독교의 주요 교리인 원죄론, 예정론, 교회론 등을 확립했다. 그런데 앞서 설명했듯이 초기 기독교에는 세월이 흐르면서 종전의 가르침을 유지하려는 자들이 이단으로 규정되는 경향이 있었다. 이렇게 보면 〈마르코 복음서〉는 이단들의 주장을 뒷받침하는 데 빈번히 활용되었기에, 원정통 교회 지도자들이 그에 맞서서 〈마르코 복음서〉를 차츰 수정해갔다고 볼 수 있다.

왜 빈 무덤이어야 했을까

2세기 이후 초기 기독교 신자들은 〈마르코 복음서〉가 16:8로 끝나는 것이 자연스럽지 않다고 생각해서 여러 가지 변개를 시도했다. 그런데 〈마르코 복음서〉의 원저자는 왜 부활한 예수의 행적을 전하지 않고 '빈 무덤' 이야기로 서술을 끝냈던 것일까? 〈마르코 복음서〉가 70년경에 집필되었기 때문에 저자는 부활한 예수의 행적에 대한 여러 전승을 알고 있었을 텐데도 말이다. 50년대에 이미 부활한 예수의 행적에 대한 여러 전승이 유포되고 있었다는 사실은 사도 바오로의 다음 진술로 확인할 수 있다.

그리스도께서는 성경대로 우리 죄를 위하여 죽으셨고, 장사되었으며, 성경대로 사흘 만에 부활하셨습니다. 그는 먼저 게바에게 나타나셨고, 그다음에 열두 제자에게, 그다음에는 500명 이상의 형제들이 한꺼번에 볼 수 있도록 나타나셨습니다. 그중에는 이미 죽은 자도 있지만 아직 더 많은 사람들이 살아 있습니다. 그 다음에 야고보에게 나타나셨고, 그다음에 모든 사도들에게도 나타나셨습니다. 그리고 마지막으로 달을 채우지 못하고 태어난 자와 같은 나에게도 나타나셨습니다.(1코린 15:3~8)

바오로는 〈코린토 신자들에게 보낸 첫째 서간〉을 50년대 중반에 썼다. 이 구절에서 바오로는 부활한 예수가 여러 차례 거듭해서 제자들에게 나타나셨다고 명확히 밝히고 있다. 바오로가 이 편지를 썼던 50년대에는 예수에게서 직접 배웠던 사람들이 많이 생존해 있었다. 예수의 삶에 관한 사항, 특히 그의 삶에서 매우 중요한 의미가 있는 부활 사건에 대한 전승을 마음대로 '창작'하거나 '각색'하기는 쉽지 않았을 것이다. 그렇기에 바오로의 이 진술은 부활한 예수의 행적을 전하고 있는 가장 신뢰할 수 있는 기록이다.

바오로의 진술 이외에도 1~2세기에는 부활한 예수의 행적에 대한 여러 전승이 유포되고 있었다. 〈마르코 복음서〉의 저자가 그런 전승을 전혀 몰랐다면 어불성설이다. 그런데 왜 〈마르코 복음서〉의 저자는 그렇게 중요한 전승을 기록하지 않았을까? 여러 가지 추론이 가능하지만 두 가지만 소개해보고자 한다.

고대의 전설이나 영웅들의 일생을 담은 전기에는 빈 무덤 이야기가 흔하게 나온다. 에녹, 엘리야, 모세, 엠페도클레스, 로물루스 등 고대의 영웅들은 죽은 뒤 시체가 사라졌다고 전한다. 고대인들의 관념에서 죽은 자의 사라진 시체는 죽은 자가 하늘로 올라가서 신적인 존재가 되었다는 의미다. 〈마르코 복음서〉의 저자는 이런 맥락에서 예수가 신적인 존재가 되었다고 주장하기 위해서 예수의 시체가 사라졌다는 이야기로 서술을 끝냈던 것 같다. 이렇게 보면 〈마르코 복음서〉가 부활한 예수의 행적을 전하지 않은 것은 자연스러운 일이다.

최근 기독교에 관심을 기울인 한 역사가는 다른 방식으로 빈 무덤 이야기를 해명하려고 시도했다. 그에 따르면 예수는 로마 제국에 맞서 반란을 일으킨 죄목으로 십자가에서 죽었다. 유대 지도자들은 안식일에 예수를 계속 십자가에 매달아 놓는 것이 율법적으로 합당하지 않고, 게다가 정치적으로도 좋지 않다고 생각했다. 죽은 예수가 십자가에 계속 매달려 있으면 예수의 제자들이 다시 뭉칠 구실을 줄 수도 있기 때문이다. 이렇게 생각한 유대 지도자들은 예수가 죽은 날 밤에 예수의 시체를 가져다가 따로 매장했다. 이런 사실을 몰랐던 예수의 제자들은 예수가 죽은 다음 날에 예수의 시신을 수습하고자 했으나 시체를 찾을 수 없었다. 그래서 무덤은 비어 있을 수밖에 없었고, 예수의 부활과 관련된 복음서의 다른 이야기들은 모두 후대에 창작된 것이다. 이 설명은 상당히 기발하고 나름 설득력이 있지만 증거가 없기에 추측에 불과하다.

예수의 무덤이 비었던 이유를 역사적으로 해명하지 않고 다른 각도에서 생각해 볼 수도 있다. 고대에는 문자 해독률이 5퍼센트가 되지 않았기에 주요한 사실이나 의견은 글이 아니라 말로 전달되었다. 글을 쓰는 사람은 자기 글을 독자가 개인적으로 조용히 혼자 읽는 것이 아니라 여러 사람들 앞에서 낭독할 가능성을 염두에 두어야 했다. 이 때문에 고대의 전기들은 공연용으로 작성된 것이 많았는데 특히 장군이나 정치가들의 일생을 다룬 작품이 그랬다. 반대의 경우도 있었다. 시장이나 마을 회관에서 만담가들이 구두로 공연하던 것들에 살이 붙어서 점점 긴 이야기가 되고 누군가 그 이야기들을 정리하기도 했다. 가령 호메로스의《일리아스》와《오뒷세이아》는 오랫동안 구술 공연가들이 각종 모임에서 공연하던 것을 후대에 글자로 정리한 것이다.

복음서도 처음에는 여러 교회에서 예수의 일생에 대해서 단편적으로 전해 오던 이야기를 묶은 것이며, 하나의 문서로 묶인 뒤에도 오랫동안 공연자가 교회에서 공연하던 대본으로 쓰였다. 말하자면 복음서는 오늘날의 연극 대본이나 다름없는 문학 작품이었다. 이때 공연자가 사용하던 기법 가운데 하나가 '열린 끝맺음'이다. 작품이 최고조에 달한 순간에 결말을 완전히 보여주지 않고 끝내버림으로써 청중들이 그 이후를 상상해보게 만드는 한편 다음 공연을 기다리게 하는 기법이다. 신약성경의 문서 가운데 〈사도행전〉도 이 기법을 사용하고 있다. 〈사도행전〉은 바오로의 일생을 이야기하면서 사도 바오로가 로마에서 선교하는 장면으로 끝을 맺었다. 죽음에 이르는 과정을 이야기하지 않은 채 바오로 일생의 나머지 부분에 대해서는 독자의 상상에 맡기는 것이다. 그렇다면 〈마르코 복음서〉는 뛰어난 문학적 기법을 구사하고 있는 작품이라고 볼 수 있지 않을까?

그 여인은 과연 간음자였을까

7

뒤러Albrecht Dürer의 유화 〈네 사도〉 중 요
한(좌)과 베드로(우). 예수 사후 예수의 지
상 후계권을 놓고 다투던 두 제자의 종파
들은 2세기부터 협력을 추구하기 시작했
다. 1526년. 독일 뮌헨 알테 피나코테크
미술관.

간음이냐 강간이냐

〈요한 복음서〉 7:53~8:11은 '간음하다 잡힌 여자'라는 제목으로 알려진 매우 재미있는 이야기를 전한다. 〈요한 복음서〉의 본문을 먼저 살펴보자.

그러고 나서 사람들은 모두 각자의 집으로 돌아갔다. 예수께서는 올리브산으로 가셨다. 이른 아침에 예수께서 다시 성전에 가셨다. 온 백성이 그에게 다가왔다. 예수께서 앉으셔서 그들을 가르치셨다. 그때 율법학자들과 바리사이파 사람들이 간음하다 잡힌 여자를 예수에게 데려와서 그녀를 가운데에 세웠다. 그들은 "선생님, 이 여자가 간음하다가 현장에서 잡혔습니다. 모세의 율법에 이런 여자는 돌로 쳐 죽이라고 규정되어 있습니다. 선생님께서는 이에 대해서 뭐라고 말씀하시겠습니까?" 하고 말했다. 그들은 예수를 시험하여 고발하려고 이렇게 말했다. 그러나 예수께서는 몸을 아래로 굽혀 손가락으로 땅바닥에 무언가를 쓰고 계셨다. 그들이 재촉하여 질문하자, 예수께서는 몸을 일으키시고 그들을 향하여 말씀하셨다. "너희 중에 누구든지 죄가 없는 자가 먼저 저 여자를 돌로 쳐라." 그리고 다시 몸을 굽혀 계속해서 땅바닥에 쓰셨다. 그들은 이 말씀을 듣고 양심에 가책을 느껴서 나이 많은 사람부터 한 명 한 명 모두 가버리고, 마침내 예수와 가운데 서 있던 여자만이 남았다. 예수께서 몸을 일으키시어 그 여자 이외에는 아무도 없는 것을 보셨다. 예수께서 "여인이여, 너를 고발했던 자들이 어디에 있느냐, 아무도 너를 심판하지 않았느냐?" 하고 물으셨다. 그 여자가 "주님, 아무도 없습니다"라고 말했다. 그러자 예수께서는 "나도 너를 심판하지 않겠다. 가서 다시는 죄를 짓지 마라" 하고 말씀하셨다.

이 여인은 간음한 것이 아니라 강간당했을 가능성이 높다. 원문에 '간음하다$_{μοιχευομένη}$'가 수동태로 되어 있기 때문이다. 하여튼 이 이야기에 따르면 예수가 예루살렘 성전에서 갔을 때 유대의 율법학자들이 그를 시험해보고자 간음하다가 현장에서 붙잡힌 여자를 앞에 데리고 왔다. 그리고 "선생님, 이 여자가 간음하다가 현장에서 잡혔습니다. 모세의 율법에 이런 여자는 돌로 쳐 죽이라고 규정되어 있습니다. 선생님께서는 이에 대해서 뭐라고 말씀하시겠습니까?" 하고 물었다. 예수가 그 여인을 놓아주라고 답하면 모세의 율법을 어겼다는 구실로 유대인들의 최고 법정인 산헤드린에 고소하려는 율법학자들의 속셈이었다.

예수는 그들의 검은 속을 알아보고 참으로 현명한 대답으로 여인을 구했을 뿐만 아니라 율법학자들을 무력화시켰다. 예수의 답은 "너희 중에 누구든지 죄가 없는 자가 먼저 저 여자를 돌로 쳐라"였다. 죄 없는 사람이 어디 있겠는가? 아무도 그녀를 치지 못하고 모두 떠나버렸다. 그런데 현장을 떠난 순서가 재미있다. 율법학자들은 '나이 많은 순서대로' 현장을 떠났는데 나이가 많은 사람일수록 죄를 많이 지었다는 의미다. 하여튼 예수는 이렇게 간음하다가 현장에서 붙잡힌 여성을 구해줄 정도로 휴머니즘이 충만하고, 또 율법학자들의 시험을 뛰어난 기지로 이겨내는 인물이었다. 기독교 지도자들은 예수가 율법을 파기하고 새로운 시대를 열었다고 가르치기 위해서 이 이야기를 인용하곤 한다.

그런데 이 이야기가 원래 〈요한 복음서〉에 실려 있었을까? 20세기 말 이후 많은 학자들이 심각한 의문을 제기해왔고 교회 지도자들도 원래 〈요한 복음서〉에 없었던 구절이기 때문에 성경에서 삭제해야 하지 않을까 고민하고 있다. 개역개정, 개역한글을 비롯한 한글 성경들이 이 구절들을 괄호 속에 넣었고, 공동번역 성경이 "〈요한 복음서〉 7:54~8:11은 많은 필사본, 그리고 여러 고대 번역본에는 없다"는 각주를 달아놓았다는 사실에서 명확히 드러난다. 외국의 기독교 지도자들은 좀 더 부정적인 견해를 피력했는데, 가령 새표준개역본 영어 성경은 이 구절을 이중 꺾쇠에 넣어놓고는 각주에 이 이야기가 후대에 삽입되었다고 표기했다. 오늘날 보수적인 신학자들조차도 이 구절의 후대 삽입을 널리 인정하고 있지만, 이렇게 유명하고도 그렇게 긴 이야기를 빼버리면 성경 모양새가 형편없어질 것을 염려해서 성경에서 삭제해야 한다고는 감히 적극적으로 주장하지 못하고 있다.

〈히브리인의 복음서〉를 아시나요

'간음하다 잡힌 여자' 일화는 사복음서 가운데 오직 〈요한 복음서〉에만 전한다. 그런데 〈요한 복음서〉에 이 이야기가 없었을 가능성이 매우 높다고 앞서 말했다. 이제 왜 그런지 살펴보자. 4세기 이전의 〈요한 복음서〉 필사본 여러 개가 전해지는데 그 어떤 필사본에도 이 구절은 없다. 2~3세기 파피루스 필사본으로 〈요한 복음서〉를 담고 있는 파피루스 사본 66과 75에도 없으며, 양대 대문자 사본으로 꼽히는 시나이 사본과 바티칸 사본에도 없다. '간음하다 잡힌 여자' 이야기를 담고 있는 최초의 그리스어 사본은 400년경에 작성된 베자 사본Codex Bezae이다. 이 사본은 16세기에 클레르몽의 주교가 처음 공개했는데 칼뱅 계열의 신학자인 베자가 관리하다가 후에 케임브리지 대학에 기증한 것이다. 5세기 이후의 〈요한 복음서〉 필사본들은 대부분 이 이야기를 포함하고 있지만, 필사본마다 그 위치가 다르고 심지어 어떤 필사본에서는 〈루카 복음서〉 21장 끝에 나오기도 한다.

이렇게 오래되고 좋은 필사본에 없으며 또한 문체와 어법이 〈요한 복음서〉의 다른 부분과 사뭇 다르기 때문에, 대부분의 학자들이 이 이야기는 후대의 필사자가 삽입한 것이라고 판단하고 있다. 그렇다면 '간음하다 잡힌 여자' 이야기가 어떻게 〈요한 복음서〉에 편입되었을까? 이 이야기를 최초로 전하고 있는 기독교 문헌은 《사도 전승Didascalia Apostolorum》이다. 이 문헌은 230년경에 그리스어로 작성되었지만 오늘날에는 그리스어 사본은 전하지 않고 라틴어와 시리아어 번역본만 전해진다. 시리아어 번역본《사도 전승》7장은 주교의 역할과 임무에 대해서 설명하면서, '예수가 죄를 범한 여인을 용서해 보냈듯이 주교는 죄를 지은 신자들을 포용해야 한다'고 전하고 있다. 《사도 전승》의 이 기록은 '간음하다 잡힌 여자' 이야기가 3세기 시리아 지역 기독교 신자들에게 알려져 있었다는 증거다. 그렇지만《사도 전승》이 그 출처를 제시하고 있지는 않다.

'간음하다 잡힌 여자' 이야기의 출처를 처음 언급한 사람은 4세기 전반기의 교회사가인 에우세비오스였다. 그는 "파피아스는 많은 죄를 짓고 주님 앞에 고소당한 한 여인에 대한 이야기를 전하는데, 이 이야기는 〈히브리인의 복음서〉에 실려 있다"고 말했다. 물론 에우세비오스가 언급한 '많은 죄를 지은 여인'의 이야기는 〈요한 복음서〉8장이 전하는 이야기와 맞지 않을 수 있다. 〈요한 복음서〉8장에 등장하는 여인은 오직 '간음한 죄' 하나만을 범했기 때문이다. 그러나 고대에 예수 앞에 고발당한 여인에 대한 이야기는 여러 버전이 있었고, 어떤 버전에는 '많은 죄를 진 여인이 고발당해 예수

앞에 섰다'고 되어 있다. 이 이야기를 〈요한 복음서〉 8장에 나오는 이야기라고 보아도 무리가 없는 이유다.

사복음서에 들지 못한 〈히브리인의 복음서〉라는 문서가 있다. 〈히브리인의 복음서〉는 초대 교회에서 널리 알려져 있었으며 2세기의 교부들이 그 존재를 언급했다. 2세기 중엽에 활동했던 파피아스가 이 복음서를 알고 있었을 가능성이 있으며, 2세기 후반에 활동했던 헤게시푸스Hegesippus가 존재를 확실히 언급했다. 그리고 2세기 말에 활동했던 알렉산드리아의 클레멘스와 3세기 중엽에 활동했던 오리게네스가 이 복음서를 권위 있는 문서로 인정했다. 그러나 〈히브리인의 복음서〉의 권위는 〈요한 복음서〉에 미치지 못했다. 특히 에우세비오스는 교회에서 인정받고 있는 권위 있는 문서들의 목록을 제시하면서, 〈요한 복음서〉는 사복음서의 하나로 절대적인 권위를 가진 문서로 인정했지만 〈히브리인의 복음서〉는 권위를 인정받지 못하는 위작으로 분류했다. 그렇기에 그가 '간음하다 잡힌 여인' 이야기를 〈요한 복음서〉에서 보았다면 그 출처를 〈히브리인의 복음서〉가 아니라 당연히 〈요한 복음서〉라고 밝혔을 것이다. 그럼에도 굳이 〈히브리인의 복음서〉에 실려 있다고 전하는 것을 보면, 에우세비오스 시절에는 이 이야기가 〈요한 복음서〉가 아니라 〈히브리인의 복음서〉에 실려 있었다고 보아야 한다.

4세기 이후 〈히브리인의 복음서〉가 위경이라는 인식이 널리 퍼져가면서 거기에 실렸던 이야기들이 다른 문서 속으로 편입되기 시작했다. 필사자들이 〈요한 복음서〉뿐만 아니라 〈루카 복음서〉

에도 이 이야기를 편입시켰지만, 지금도 확인할 수 없는 어떤 계기로 〈루카 복음서〉에서는 사라지고 〈요한 복음서〉에 정착해서 오늘날에 이르고 있는 것 같다. 필사본 증거를 종합해보건대, '간음하다 잡힌 여자' 이야기는 원래 〈요한 복음서〉에 없었음이 명백하다.

예수의 후계자는 사도 요한?

'간음하다 잡힌 여자' 이야기와 함께 〈요한 복음서〉에서 크게 문제가 되는 부분이 있다. 먼저 〈요한 복음서〉 20:31을 살펴보자.

이것들을 기록한 것은 예수께서 메시아이시며 하느님의 아드님이심을 여러분이 믿고, 또 그렇게 믿음으로써 그분의 이름으로 생명을 얻게 하려는 것이다.

고대에는 시작이 아니라 끝에서 글의 목적을 밝히는 경우가 많다. 이런 사정을 감안하면 원래 〈요한 복음서〉는 여기 20:31에서 끝났던 것 같다. 그런데 현재 〈요한 복음서〉는 20:31로 끝나지 않고, 21장이 이어진다. 학자들은 〈요한 복음서〉의 20장과 마지막 장인 21장의 언어와 문체는 물론 신학이 매우 다르다는 사실을 밝혀내고, 〈요한 복음서〉 21장은 후대에 삽입되었다고 판단하고 있다. 왜 〈요한 복음서〉 21장은 왜 끝부분에 굳이 삽입되었을까?

〈요한 복음서〉 21장이 왜 삽입되었는지를 이해하려면, 예수의 제자들이 예수 살아 생전에 제자단 내에서 높은 위치를 차지하기 위해서 그리고 예수 사후에는 후계권을 놓고 경쟁을 벌였다는 역사적 사실을 알아야 한다. 예수에게는 12명의 제자가 있었는데 베드로, 요한, 요한의 형 야고보가 핵심 제자였다. 세 제자는 변화산에서 예수가 천사처럼 변하는 것을 함께 보았으며, 수난을 앞두고 예수가 겟세마네 동산에 기도하러 갔을 때도 특별히 수행했다(마르 9:5). 통상 베드로가 예수의 수제자로 알려져 있기 때문에, 요한과 그의 형이 수제자가 되기 위해 노력했다니 낯설게 느껴질 것이다. 그렇지만 두 형제가 예수의 총애를 받았으며 제자단 가운데서 가장 높은 사람이 될 욕심이 있었던 것은 분명하다. 〈마르코 복음서〉는 두 사람의 출세욕을 다음과 같이 전한다.

제베대오의 아들들인 야고보와 요한이 예수께 가까이 가서 "선생님, 우리가 부탁하는 것을 우리를 위하여 들어주시기를 원합니다" 하고 말했다. 예수께서 그들에게 "너희는 내가 너희를 위하여 무엇을 해주기를 원하느냐?" 하고 물으셨다. 그들은 "선생님께서 영광의 자리에 앉으실 때 저희를 한 명은 선생님의 오른편에 한 명은 왼편에 앉게 해주십시오" 하고 말했다. 그러자 예수께서는 "너희는 너희가 부탁하는 일이 무엇인지 알지 못하고 있다. 너희가 내가 마시는 잔을 마실 수 있으며 내가 받은 세례를 받을 수 있느냐?" 하고 물으셨다. 그들이 "예, 할 수 있습니다" 하고 대답하자 예수께서 다시 이렇게 말씀하셨다. "너희가 내가 마실 잔을 마시고 내가 받을 고난의 세례를 받기는 할 것이다. 그러나 내 오른편이나 왼편 자리에 앉는 것은 내가 주는 것이 아니다. 그 자리에 앉을 준비가 되어 있는 사람들에게 돌아갈 것이다." 이 대화를 듣고 있던 다른 열 제자가 야고보와 요한에게 몹시 화를 냈다.(마르 10:35~41)

이 구절에서 요한과 그의 형은 자기네가 예수의 오른팔 왼팔 역할을 하겠다고 말하고 있다. 한마디로 예수의 제자단에서 가장 높은 자리를 차지하겠다는 소리다. 요한과 그의 형 야고보가 베드로와 함께 삼총사를 이루어 예수를 도왔기 때문에 그들의 요구가 전혀 이상한 것만은 아니지만, 이 모습을 지켜보던 다른 제자들은 화가 났다. 몇몇 다른 제자들은 자기도 나름 예수의 총애를 받고 있으며 중요한 역할을 하고 있다고 자부했다. 베드로는 예수를 늘 가까이 모셨으며, 토마스는 예수와 쌍둥이라고 불릴 정도로 예수와 마음이 통한다고 주장했으며, 가롯 유다는 예수 집단의 금고를 관리하고 있었다. 이들은 만약 예수가 왕이 되어 세상을 다스리게 되면 자기도 높은 자리에 오를 것이라고 기대하고 있었다. 제자단에서 가장 높은 자리를 차지하려고 예수의 제자들이 물밑에서 암투를 벌이는 형국이었던 셈이다.

이 경쟁에서 요한 형제는 앞서가는 선두 주자였다. 그들은 예수 사후에도 비중 있는 역할을 수행했다. 33년에 베드로와 함께 예루살렘 교회의 수립을 주도했고 예루살렘 교회의 핵심 지도자로 활동했다. 그러다가 형 야고보는 44년경에 순교했다. 전승에 따르면 요한은 그 후에도 예루살렘 교회에서 활동하다가, 66년경 유대인이 로마에 대반란을 일으키자 예루살렘 교회 신자들이 사방으로 흩어질 때 예수의 어머니 마리아를 모시고 에페소로 갔고, 그곳에서 교회를 이끌다가 96년경에 죽었다. 이 전승이 얼마나 역사적 사실을 충실히 반영하고 있는지 확인할 길은 물론 없지만.

그렇지만 1세기 후반에 요한의 가르침을 따르던 무리들이 에페소를 중심으로 아시아 일대를 주도했고, 자기네 대의를 널리 알리기 위해서 이른바 '요한총서'를 쓴 것은 확실하다. '요한총서'는 신약성경 가운데 요한의 이름이 들어간 문서들, 즉 〈요한 복음서〉, '요한의 첫째, 둘째, 셋째 서간', 그리고 〈요한 묵시록〉을 말한다. 〈요한 복음서〉가 사도 요한의 가르침을 계승했기에 그를 매우 중요한 인물로 제시하는 것은 당연한 일이다. 그런데 〈요한 복음서〉가 사도 요한을 높이는 방식이 특이하다. 〈요한 복음서〉에는 이름이 밝혀지지 않은 채 그냥 '예수가 사랑하는 제자'라고만 언급되는 독특한 인물이 등장한다. 이 제자가 사도 요한이 아닐 수도 있다는 의견도 있지만, 사도 요한 즉 제베대오의 아들 요한이거나 그를 상징하는 인물이라고 보는 것이 무난할 것이다.

〈요한 복음서〉에서 사랑하는 제자는 예수가 살아 있을 때 두 번, 부활했을 때 세 번 등장한다. 그런데 이 가운데 네 번은 사랑하는 제자와 베드로의 위계 서열 문제와 깊은 관련이 있다. 그가 가장 먼저 등장하는 장면은 최후의 만찬이다. 〈요한 복음서〉 13:21~30에 따르면 "제자 가운데 한 명, 즉 예수가 사랑하는 제자가 예수의 품에 의지해 누워 있었다." 이때 예수는 제자들 가운데 한 명이 자신을 배반할 것이라고 예언했다. 그러자 베드로가 감히 직접 물어보지 못하고 사랑하는 제자에게 배반자가 누구인지 물어봐달라고 부탁했다. 사랑하는 제자가 예수에게 더욱 바짝 다가가며 묻자 예수는 거절하지 않고 "내가 빵을 적셔서 줄 사람이 그 사람"이라고 말하면서 가롯 유다에게 빵을 주었다. 이 장면은 베드로와 사랑하는 제자를 대비시켜 등장시키고 있고, 두 사람 가운데 사랑하는 제자가 더 예수의 총애를 받고 있음을 은연중에 드러내고 있다. 어떤 모임을 가질 때 가장 권위가 높은 사람과의 좌석 배치 거리 그리고 말을 나누는 순서가 바로 권위의 높고 낮음을 상징하기 때문이다.

이런 해석의 타당성은 예수의 십자가 처형 장면에서도 확인할 수 있다. 예수가 사형 판결을 받고 십자가에 매달리자, 다른 제자들은 모두 도망가버리고 오직 사랑하는 제자만이 예수의 어머니 마리아를 모시고 예수 앞에 서 있었다. 예수는 그를 알아보고 "이 분이네 어머니시다"라고 말하면서 마리아를 부탁했다(요한 19:27). 이 장면은 예수가 요한을 예수의 후계자로 삼았다는 선언이다. 사랑하는 제자가 예수의 임종을 지키고 예수의 어머니를 모시게 되었던 데 반해서, 베드로는 예수를 세 번이나 부정하고 도망가버렸다. 〈요한복음서〉 20장까지의 이 같은 서술에 따르면 예수의 지상 후계자는 베드로가 아니라 분명 사도 요한이다.

베드로 대 요한의 전쟁과 평화

그런데 〈요한 복음서〉 21장은 전혀 다른 이야기를 전한다. 21장에서 예수의 제자들은 예수가 죽은 뒤에 고향인 갈릴래아로 돌아가 다시 어부 생활을 하고 있었다. 어느 날 제자들이 티베리아 호수에서 물고기를 잡고 있을 때 부활하신 예수께서 그들에게 나타나셨다. 예수는 그들과 아침 식사를 하게 되었는데 식사가 끝나자 시몬 베드로에게 물었다. 〈요한 복음서〉는 이 장면을 이렇게 전하고 있다.

그들이 아침을 먹고 나자 예수가 시몬 베드로에게 말씀했다. "요나스의 아들 시몬아, 너는 이들보다 나를 더 사랑하느냐?" 베드로가 "예, 주님! 제가 주님을 사랑하는 것을 주님께서 아십니다" 하고 대답했다. 예수께서 그에게 말씀하셨다. "내 어린 양들을 먹이라." 예수께서 다시 두 번째로 베드로에게 물으셨다. "요나스의 아들 시몬아, 너는 나를 사랑하느냐?" 베드로가 "예, 주님! 제가 주님을 사랑하는 줄을 주님께서 아십니다" 하고 대답했다. 예수께서는 그에게 말씀하셨다. "내 양들을 잘 돌보아라." 예수께서 세 번째로 베드로에게 물으셨다. "요나스의 아들 시몬아, 너는 나를 사랑하느냐?" 베드로는 예수께서 세 번이나 "나를 사랑하느냐?"라고 물으시므로 슬퍼했다. 그리고 "주님, 주님께서는 모든 것을 아십니다. 제가 주님을 사랑하는 줄을 주님께서는

알고 계십니다" 하고 말했다. 그러자 예수께서 베드로에게 말씀
하셨다. "내 양들을 먹이라."(요한 21:15~17)

이 구절에서 예수는 베드로에게 "내 양들을 잘 돌보아라"라고
세 번이나 말했다. 여기서 '세 번'이라는 숫자가 중요하다. 베드로
는 예수가 대제사장이 보낸 무리에게 잡혀갈 때 그들을 쫓아서 대
제사장 집으로 갔다. 사람들이 베드로가 예수의 부하라고 생각하
고는 당신은 예수의 부하가 아니냐고 물었다. 그때 베드로는 세 번
이나 예수를 모른다고 부인했다. 심지어 마지막에는 예수를 저주
하기까지 했다. 이로써 베드로는 예수의 제자 자격을 잃었다. 그런
데 이제 예수가 다시 "내 양들을 잘 돌보아라"라고 말하고 있으니,
예수가 베드로의 배신을 용서하고 그를 기독교 신자들의 최고 관
리자로 신임했다는 의미다.

이 구절에서 예수는 분명 '너의 양'이 아니라 '내 양'을 베드로
에게 위탁했고, '내 양'은 기독교 신자들을 상징한다. 예수가 자신
의 사후 후계자로 베드로를 지명하고 있는 것이다. 그렇다면 〈요한
복음서〉의 저자는 20장까지는 예수가 사랑하는 제자가 베드로보다
더 권위 있는 인물이라고 주장하다가, 왜 갑자기 21장에 와서는 베
드로의 절대적인 권위를 인정하고 있는 것일까? 도대체 이런 모순
을 어떻게 설명해야 할까? 답은 〈요한 복음서〉 21장이 후대에 삽입
되었기 때문이다.

그렇다면 〈요한 복음서〉 21장은 누가 언제 삽입했을까? 2세

기 초에는 여러 지역에서 각각의 교회들이 독자성을 갖고 발전하고 있었다. 이집트에서는 영지주의 계열의 교회가 강했고 시리아와 팔레스타인 근처에서는 유대-기독교가 강했다. 훗날 정통 교회로 성장할 교회는 에페소를 중심으로 소아시아 일대에서 발달했던 요한 계열의 교회, 코린토를 중심으로 그리스 일대에서 발달했던 바오로 계열의 교회, 그리고 수도 로마에서 발달했던 로마 교회였다. 2세기 초 이후 세 교회는 협력을 추구하기 시작했다. 그런데 요한 계열의 교회가 사도 요한을 예수의 수제자로 간주하고 베드로의 권위를 계속 낮춘다면 협력이 이루어질 수 없었다. 로마 교회가 베드로를 로마 교회의 창설자로 설정하고 그를 계승한다고 천명하고 있었기 때문이다. 요한 계열의 교회는 이 문제를 해결하기 위해서 자기네가 사용하던 〈요한 복음서〉에 21장을 삽입해서 베드로의 권위를 높임으로써 로마 교회와 협력할 수 있는 기반을 마련했다. 이런 추론을 〈요한 복음서〉 연구의 세계 최고 권위자였던 브라운을 비롯한 많은 학자들이 인정하고 있다.

8

이것이 바오로 서간이다

뒤러의 〈네 사도〉 중 바오로(우). 신약성경
에는 기독교의 실질적인 창시자로 알려진
바오로가 썼다고 알려진 13편의 서간문이
실려 있다. 13편 중 과연 몇 편이나 바오
로가 직접 썼을까? 왼편의 사도는 〈마르
코 복음서〉의 마르코.

최초의 신약, 바오로 서간

신약성경을 펼치면 〈마태오 복음서〉가 가장 먼저 등장하지만 가장 먼저 집필된 것은 아니다. 신약성경 가운데 가장 먼저 집필된 것은 이른바 '바오로 서간들'이다. 바오로는 기독교의 창시자로 불릴 정도로 기독교의 태동에 큰 영향을 끼친 인물이다. 알렉산드로스가 못다 한 세계 통합의 이상을 실현시킨 세계사적인 인물이라는 평까지 있다. 바오로가 기독교의 탄생에 끼친 영향을 여러 가지 측면에서 이야기할 수 있다. 그렇지만 신약성경보다 바오로의 위대함을 더 가시적으로 보여주는 것은 없을 것이다. 신약성경 27권 가운데 13권이 그의 이름으로 되어 있으니 말이다.

그렇지만 앞서 잠깐 소개했듯이 바오로가 썼다고 알려져 있는 13권 가운데 6권은 후대에 다른 사람들이 그의 이름을 빌려 쓴 것이다. 바오로가 쓴 것과 다른 사람이 그의 이름으로 쓴 것을 도표로

바오로 서간 목록

바오로가 쓴 것(진정서간)	바오로의 이름만 빌린 것(의심 정도)
로마 신자들에게 보낸 서간	에페소 신자들에게 보낸 서간(강함)
코린토 신자들에게 보낸 첫째 서간	콜로새 신자들에게 보낸 서간(약간 강함)
코린토 신자들에게 보낸 둘째 서간	테살로니카 신자들에게 보낸 둘째 서간(약함)
갈라티아 신자들에게 보낸 서간	티모테오에게 보낸 첫째 서간(매우 강함)
필리피 신자들에게 보낸 서간	티모테오에게 보낸 둘째 서간(매우 강함)
테살로니카 신자들에게 보낸 첫째 서간	티토에게 보낸 서간(매우 강함)
필레몬에게 보낸 서간	

정리하면 다음과 같다.

도표에서 보이듯, 현대 신학자들은 6개의 서간은 바오로가 아니라 그의 제자나 후대의 다른 사람이 썼다고 생각하고 있다. 그러나 최초로 성경의 정경 확정 작업을 했던 초기 기독교인들은, 바오로가 신약성경에 포함된 13개의 서간을 모두 썼다고 여기며 전부 정경으로 삼았고 각 서간을 길이에 따라서 배치했다. 2세기에 이 작업이 수행된 뒤로 오늘날까지 바오로 서간의 목록을 재조정하려는 움직임은 한 번도 없었다.

바오로가 7편의 진정서간을 언제 썼는지 파악하기는 힘들다. 바오로는 35년경에 기독교로 개종해 이방인 선교에 힘썼고 각지로 전도 여행을 하면서 많은 서간을 썼다. 성경으로 채택된 그의 서간 가운데 가장 오래된 것은 〈테살로니카 신자들에게 보낸 첫째 서간〉

인데, 약 50년경 코린토에서 집필되었을 것으로 추정된다. 마지막으로 쓰인 것은 〈로마 신자들에게 보낸 서간〉인데 56년경 코린토에서 집필되었다. 나머지 다섯 서간은 52년에서 56년 사이에 에페소에서 집필되었다. 그렇지만 7서간의 집필 순서는 추측에 불과할 뿐 정확하게 그 연대를 파악하는 일은 거의 불가능하다.

바오로 서간을 읽다보면 가장 먼저 떠오르는 질문이 있다. 도대체 왜 이렇게 길까? 바오로가 워낙 뛰어난 학식으로 장문의 글을 쓰는 대문장가여서? 아니, 이렇게 쉽게 대답할 수 있는 가벼운 질문이 결코 아니다. 바오로의 서간이 원래는 짧은데 후대의 편집과 삽입 과정을 거치면서 글이 점차 길어졌을 가능성이 농후하기 때문이다. 바오로 서간이 과연 얼마나 긴지 신약 서간서들의 길이를 먼저 살펴보자.

다음 쪽의 도표는 신약 서간서들의 길이를 대략적으로 보여준다. 물론 성경의 버전이 여러 가지고 장절을 나누는 방법도 다르기 때문에 서간서들의 길이를 글자 수까지 정확하게 비교하는 것은 어렵다. 그러나 대략적으로 비교하는 것은 가능한데 신약 서간서 가운데 바오로 서간서보다 긴 것은 하나도 없다. 가장 짧은 것은 〈요한의 셋째 서간〉인데 이 문서는 1장 15절로 구성되어 있으며 단어는 약 220자다. 이 문서에 비하면 바오로 서간 가운데 가장 긴 〈로마 신자들에게 보낸 서간〉은 길이가 30배나 된다. 〈코린토 신자들에게 보낸 첫째 서간〉이나 〈코린토 신자들에게 보낸 둘째 서간〉도 다른 편지들에 비하면 유달리 길다. 편지는 고대에나 오늘날에나

신약성경 서간서들의 길이

구분	편명	장 수	절 수	글자 수
바오로 서간	로마 신자들에게 보낸 서간	16	433	7111
	코린토 신자들에게 보낸 첫째 서간	16	437	6829
	코린토 신자들에게 보낸 둘째 서간	13	256	4477
	갈라티아 신자들에게 보낸 서간	6	149	2230
	에페소 신자들에게 보낸 서간	6	155	2422
	필리피 신자들에게 보낸 서간	4	104	1629
	콜로새 신자들에게 보낸 서간	4	95	1582
	테살로니카 신자들에게 보낸 첫째 서간	5	89	1481
	테살로니카 신자들에게 보낸 둘째 서간	3	47	823
	티모테오에게 보낸 첫째 서간	6	113	1591
	티모테오에게 보낸 둘째 서간	4	83	1238
	티토에게 보낸 서간	3	46	659
	필레몬에게 보낸 서간	1	25	335
기타 서간	히브리인들에게 보낸 서간	13	303	4953
	야고보 서간	5	108	1742
	베드로의 첫째 서간	5	105	1684
	베드로의 둘째 서간	3	61	1099
	요한의 첫째 서간	5	105	2141
	요한의 둘째 서간	1	13	245
	요한의 셋째 서간	1	15	219
	유다 서간	1	25	219

특정한 상황에서 특정한 메시지를 전달하고자 쓰기 때문에 다른 장르의 글에 비하면 상당히 짧다. 편지가 너무 길면 오히려 전달하려는 메시지를 흐리게 할 수도 있으니까. 그런데 바오로 서간은 왜 이렇게 긴 것일까?

왜 바오로 서간은 그렇게 길까

혹시 후대에 바오로의 편지들을 관리하던 사람들이 본문을 편집하거나 변개하거나 삽입한 결과가 아닐까? 바오로가 쓴 편지들이 후대의 편집물일 가능성을 가장 확실히 보여주는 편지는 〈코린토 신자들에게 보낸 둘째 서간〉이다. 〈코린토 신자들에게 보낸 둘째 서간〉은 여러 번 문맥이 바뀌면서 앞뒤가 맞지 않은 이야기들이 이어지고 있는데, 여러 편지들이 뒤섞여서 그렇다. 대부분의 학자들도 이 문서가 여러 편지의 편집물이라고 인정하고 있다. 과연 몇 개의 편지가 뒤섞였는지에 대해서만 다양한 의견이 있을 뿐.

복음주의 신학자로 세계적인 명성을 얻었던 브루스Frederick Bruce는 바오로가 코린토 교회에 보낸 편지들을 다음과 같이 재구성했다. '코린토 신자들에게 보낸 첫째, 둘째 서간'을 읽어보면 바오로는 코린토 교회에 여러 통의 편지를 보냈다. 먼저 〈코린토 신자들에게 보낸 첫째 서간〉 5:9~11에 따르면 현존하지는 않지만 클로에의 집 사람들에게 보낸 편지가 있었다. 이 편지를 편의상 '코린토 A서'라고 부를 수 있겠다. 코린토 A서를 보낸 후 바오로는 한참 뒤에 오늘날의 〈코린토 신자들에게 보낸 첫째 서간〉을 보냈다. 〈코린토 신자들에게 보낸 첫째 서간〉을 '코린토 B서'라고 하자. 코린토 B서를 보낸 뒤, 코린토 교회에 파당을 만들어 자신의 권위에 도전하는 자들이 있다는 소식을 들은 바오로는 직접 코린토 교회를 방문해 그 문제를 해결하고자 시도했다. 몸소 행차(?)하면 코린토 교회의 신자들이 모두 자신의 권위를 인정하고 파당 행위를 중지할 것이라고 믿어서였다. 그러나 그에게 반항했던 신자들은 바오로의 권위를 인정하기는커녕 오히려 노골적으로 도전했다. 그리하여 어쩔 수 없이 코린토를 떠나 에페소로 갈 수밖에 없었다. 바오로는 에페소에서 또다시 편지를 써서, "큰 환난과 애통한 마음이 있어 많은 눈물로" '코린토 C서'를 썼다. 흔히 '눈물의 편지'라고 불리는 이 편지가 남아 있는지 알 수 없지만, 그는 티토에게 이 편지를 코린토 교회로 가져가게 했다. 이 눈물의 편지 즉 코린토 C서를 보낸 후 코린토 교회의 신자들은 마음을 돌이켰다. 다시 바오로의 권위를 인정하고 지도자로 받아들이기로 결정했던 것이다. 티토가 이 소식을 전해오자 바오로는 매우 기뻐서 다시 편지를 썼고, 이것이 현재의 〈코린토 신자들에게 보낸 둘째 서간〉 1~9장에 해당하는 '코린토 D서'다. 그런데 코린토 D서를 보낸 후 코린토 교회에 또다시 문제가 생겼다. 바오로의 권위에 굴복했던 신자들이 재차 반항하면서 그가 가르친 복음을 부정했던 것이다. 바오로는 다시 편지를 썼는데, '코린토 E서'라고 할 수 있는 이 편지는 현재의 〈코린토 신자들에게 보낸 둘째 서간〉 10~13장으로 추론된다. 브루스의 이런 재구성에 따르면 바오로가 보낸 다섯 개의 편지 가운데 현재 3개가 남아 있고, 그중 2개가 편집되어 〈코린토 신자들에게 보낸 둘째 서간〉이 되었다.

흔히 복음주의 신학자라고 불리는 사람들은 기독교의 정통 교리를 고수하는 관점을 가진 자들이다. 브루스는 복음주의자들 가운데서도 매우 명망이 높은 사람인데, 그조차도 〈코린토 신자들에게 보낸 둘째 서간〉은 두 편지의 편집물임을 인정하고 있다. 그렇지만 브루스의 견해는 너무나 보수적이다. 많은 학자들이 〈코린토 신자들에게 보낸 둘째 서간〉이 좀 더 많은 편지들의 편집물이라고 주장하고 있는데, 국내의 한 신약성경 개론서에 따르면 다음과 같이 그 수가 무려 6개나 된다.

(가) 코린토 교회에 등장한 적대자에 대항하는 첫 번째 편지 (2:14~6, 7:2~4).

바오로가 코린토 교회를 수립한 후에 외부에서 적이 들이닥쳤다. 이들은 높은 권위를 가진 사람의 추천서를 가지고 와서 바오로의 권위와 그가 전한 복음을 부정했다. 그는 이 적에 대항해 자신의 견해를 변호하는 편지를 썼다.

(나) 눈물의 편지(10:1~13:14).

바오로가 보낸 첫 번째 편지는 성과가 없었다. 그래서 직접 코린토 교회를 방문해 사태 해결을 추구했지만 코린토 교회의 신자들은 오히려 공공연하게 그를 비난했다. 바오로는 에페소로 돌아와 큰 괴로움과 걱정 속에서 눈물의 편지를 썼다.

(다) 화해의 편지(1:1~2:13, 7:5~16).

바오로가 티토에게 눈물의 편지를 보내자 코린토 교회의 신자들이 뉘우치고 그에게 돌아왔다. 바오로는 코린토 교회와 자신의 관계가 회복된 것을 기뻐하며 이 편지를 썼다.

(라) 티토를 추천하는 글(8:1~24).

바오로는 예루살렘 교회의 '가난한 성도'를 위해서 모금 활동을 펼치곤 했다. 그 과정에서 티토를 추천하는 글을 써서 보냈는데 코린토 교회에 보낸 다른 편지들과 어떤 관계가 있는지 알 수 없다.

(마) 예루살렘 성도들을 위한 모금을 촉구하는 글(9:1~15).

바오로가 예루살렘 성도들을 위한 모금 활동에 적극 참여하라고 촉구하는 글이다. 역시 코린토 교회에 보낸 다른 편지들과 어떤 관계가 있는지 알 수 없다.

(바) 바오로의 것이 아닌 단편(6:14~7:1).

피력된 사상이나 사용된 어휘가 바오로의 것과 다르다. 유대의 묵시 공동체였던 쿰란 공동체의 사상을 피력하고 있는데 어떻게 〈코린토 신자들에게 보낸 둘째 서간〉에 편입되었는지는 알 수 없다.

이렇게 〈코린토 신자들에게 보낸 둘째 서간〉이 몇 개의 글을 합쳐진 것인지에 대해서는 여러 의견이 있다. 그렇지만 서간의 문맥이 여러 번 바뀌기 때문에 원래 짧은 편지 여러 개가 유통되다가 후대에 하나로 통합되었음은 확실하다.

〈로마 신자들에게 보낸 서간〉에 얽힌 사연

〈코린토 신자들에게 보낸 둘째 서간〉뿐만 아니라 바오로의 다른 진정서간들도 대부분 여러 편지의 편집물이라고 의심받고 있다. 〈코린토 신자들에게 보낸 첫째 서간〉, 〈필리피 신자들에게 보낸 서간〉, '테살로니카 신자들에게 보내는 첫째, 둘째 서간', 〈로마 신자들에게 보낸 서간〉 역시 2~3개 편지의 편집물이 가능성이 높다.

특히 〈로마 신자들에게 보낸 서간〉은 여러 편지의 편집물이 확실하다. 필사본 연구는 이 사실을 명확히 보여준다. 〈로마 신자들에게 보낸 서간〉의 고대 필사본 가운데는 현재의 16장이 아니라 14장으로 끝나거나 15장으로 끝나는 것들이 여럿 있다. 이 사본들을 뒷부분이 누락된 불완전한 것으로 여길 수도 있겠지만, 이런 주장은 설득력이 없다. 오늘날의 〈로마 신자들에게 보낸 서간〉 16:25~27은 편지글을 끝맺는 일종의 송영頌榮, doxology의 역할을 하고 있는데, 14장으로 끝나는 필사본들에서는 이 부분이 14장 끝부분에 있기 때문이다. 또한 현존하는 필사본 가운데 가장 오래된 체스터 비티 파피루스 사본 6에는 송영 부분이 15장 뒤에 있다. 〈로마 신자들에게 보낸 서간〉이 원래 15장으로 끝났고, 16장이 후대에 삽입되었을 가능성을 시사한다.

　더욱이 16장의 내용은 당시의 상황과 잘 맞지 않는다. 바오로는 이 장에서 자신과 같이 활동했던 많은 사람들에게 안부를 전해 달라고 이야기하고 있는데, 그는 아직 로마 교회에 가본 적도 없기 때문이다. 그래서 상당수의 학자들이 16장은 원래 로마 교회가 아니라 에페소 교회에 보낸 것이었는데, 어떤 이유에서인지 〈로마 신자들에게 보낸 서간〉에 편입되었다고 생각하고 있다.

　이렇게 필사본 연구에 따르면 〈로마 신자들에게 보낸 서간〉은 14장으로 끝나는 것, 15장으로 끝나는 것, 16장으로 끝나는 것의 세 종류가 있었고, 15장과 16장은 후대에 편입되었을 가능성이 높다. 이런 추론을 뒷받침하는 추가 증거가 있다. 140년대에 마르키온이 최초로 바오로 서간 열 편을 편집 출간했다. 그런데 현재와 달리 〈로마 신자들에게 보낸 서간〉을 〈갈라티아 신자들에게 보낸 서간〉, 그리고 '코린토 신자들에게 보내는 첫째, 둘째 서간' 뒤에 배치했다. 고대에서 현대까지 바오로 서간은 길이에 따라서 배치되었는데, 〈로마 신자들에게 보낸 서간〉이 이렇게 뒤에 배치된 것은 마르키온이 14장으로 구성된 〈로마 신자들에게 보낸 서간〉을 가지고 있었기 때문일 것이다. 2세기의 여러 교부 문헌도 추론을 뒷받침한다. 2세기 말에서 3세기 초에 활동했던 이레나이우스, 테르툴리아누스, 키프리아누스Cyprianus는 매우 많은 글을 썼는데도 15~16장을 단 한 번도 인용하지 않았으며, 특히 테르툴리아누스는 14장을 편지의 마지막 장이라고 언급했다.

그리고 〈로마 신자들에게 보낸 서간〉에는 모순된 내용이 많은데 원래 여러 서간이 뒤섞이면서 발생한 현상이라는 주장도 있다. 이 견해를 대표하고 있는 쉬미탈Walter Schmithals은 여러 모순을 지적한다. 1:10~13에서 바오로는 자신의 로마행이 장애물로 막혀 있다고 했다가 15:22~25에서는 그 장애물이 없어졌다고 말하고 있다. 또한 15:20에서는 로마가 "다른 사람의 터"라고 말했는데 1장에서는 로마에서 어떤 열매를 맺고자 한다고 했다. 이런 모순들은 〈로마 신자들에게 보낸 서간〉이 원래 하나의 편지였다고 가정하면 해명될 수 없다. 원래 2개 혹은 3개의 편지였다가 하나로 합쳐졌다고 보아야 말이 된다. 여러 학자들이 쉬미탈의 견해에 동의하면서 〈로마 신자들에게 보낸 서간〉을 분석했는데, 특히 9~11장이 전체적으로 어울리지 않는다는 의견이 우세하다.

두 바오로, '진정' 서간 대 '목회' 서간

90년대 말에서 2세기 초에 〈티모테오에게 보낸 첫째 서간〉, 〈티모테오에게 보낸 둘째 서간〉, 〈티토에게 보낸 서간〉이라고 이름 붙여진 세 편의 편지글이 등장한다. 바오로가 동역자들이었던 티모테오와 티토에게 보내는 편지글의 형식을 띠고 있지만, 바오로가 직접 쓴 것이 아니라 바오로파에 속하는 신도가 90년대 말이나 2세기 초에 쓴 것이다. 18세기 초 이래 학자들은 이 세 서간을 목회서간이라고 부르고 있다. 세 서간을 하나의 범주로 묶어 목회서간이라고 부르는 것은 세 서간이 뚜렷한 동질성을 갖고 있기 때문이다. 이 서간들은 신학, 문체, 시대 배경 등에서 바오로의 진정서간과 구별된다. 특히 이 점은 신학적인 측면에서 뚜렷하다. 목회서간의 기독론, 종말론, 칭의론 등은 바오로 진정서간보다 상당히 후대에 발전했음이 틀림없기 때문이다.

목회서간이 후대 바오로의 이름으로 쓰인 차명 서간이라는 사실은 여러 가지 근거를 통해서 알 수 있는데, 크게 바오로 서간 묶음집의 유통 상황과 신학적인 견해의 차이로 나누어볼 수 있다. 필사본 상황부터 이야기해보자. 앞서 이야기했듯이 바오로의 열렬한 추종자였던 마르키온은 오직 10개의 서간만을 정경으로 인정했다. 그가 정경으로 인정한 서간들은 교회들에 보낸 9개의 서간과 〈필레몬에게 보낸 서간〉이었다.

왜 마르키온이 목회서간을 인정하지 않았을까? 두 가지 가능성이 있다. 먼저 그가 목회서간의 존재를 몰랐을 가능성이 있다. 다른 바오로 서간에 비해서 목회서간이 늦게 쓰였음이 확실하다. 1세기 말이나 2세기 전반기의 주요 문헌에 목회서간의 인용구가 나오지 않기 때문이다. 이런 문헌으로는 로마의 클레멘스가 쓴 〈클레멘스 1서〉, 안티오키아의 이그나티우스가 쓴 서신들, 2세기 초 로마 교회에서 익명의 저자가 쓴 〈헤르마스의 목자서〉, 2세기 초 로마 교회의 누군가 사도 바르나바Barnabas의 이름을 빌어서 쓴 〈바르나바 서간〉 등을 들 수 있다. 이런 문서들에 목회서간의 인용구가 등장하지 않는다. 최초로 목회서간을 명확하게 인용한 사람은 사도 요한의 제자로 알려진 폴리카르포스Polycarpos였다. 그가 130년대에 필리피 교회에 편지를 썼기 때문에 목회서간이 최초로 입증되는 것은 130년대라고 할 수 있다.

두 번째, 목회서간의 존재를 알고 있었더라도 마르키온이 의도적으로 그것을 바오로 서간에서 제외했을 가능성이 있다. 그는 최초의 성경 본문 비평학자로도 유명하다. 이미 사도들 시대에 복음서와 바오로 서간을 왜곡하는 일이 벌어졌고 그 결과 복음서와 바오로 서간이 원래의 판본에서 너무나 멀어졌기 때문에, 비판적 읽기를 통해서 성경 원문을 회복해야 한다고 마르키온은 주장했다. 이렇게 비판적인 태도를 가졌던 마르키온이 목회서간을 바오로 서간에서 제외했다면, 목회서간은 너무나 심하게 왜곡되었거나 바오로가 작성한 것이 아니라고 판단했기 때문일 것이다.

두 가지 가능성 가운데 어떤 것이 높은지는 확인할 수 없지만, 2세기 후반까지 목회서간이 널리 유통되지 않았음은 분명하다. 이 사실은 최초의 정경 목록인 무라토리 정경 목록으로 확인할 수 있다. 180년경 작성된 이 목록에서 목회서간은 별도의 묶음으로 여겨져 〈필레몬에게 보낸 서간〉 다음에 위치했다. 바오로 서간을 길이에 따라서 배치한다는 관행과 어긋나는 것이며 오늘날의 배치 순서와도 다르다. 목회서간은 현재 〈필레몬에게 보낸 서간〉 앞에 배치되어 있다. 이런 현상이 일어났던 것은, 2세기 말 언젠가에 바오로 서간의 두 묶음 즉 마르키온이 사용했던 10개짜리 묶음에 별도로 유통되고 있던 목회서간이 하나로 더해져서 13개의 서간 모음집이 되었지만 목회서간이 별도의 문서라는 인식은 여전히 남아 있었기 때문일 것이다.

이상과 같이 바오로 서간의 유통 상황을 본다면 목회서간은 바오로의 진정서간과 다른 존재로, 별도로 유통되었다. 이 사실은 현존하는 가장 오래된 바오로 서간 필사본에서도 확인된다. 마르키온의 성경은 남아 있지 않고 무라토리 목록은 본문은 없이 목록만 전해지고 있다. 실제로 바오로 서간의 본문을 싣고 있는 최초의 바오로 서간 모음집은 파피루스 필사본 46인데, 이 모음집의 후반부가 유실되었기 때문에 확실하지는 않지만 필사 가능한 공간을 따져보면 이 모음집에는 목회서간이 포함되지 않았을 가능성이 높다.

내용의 측면에서도 목회서간을 바오로의 진정서간으로 볼 수 없는 몇 가지 이유를 제시해보면 다음과 같다.

첫째, 바오로의 기독론과 목회서간의 기독론은 크게 차이가 난다. 기독론은 기독교의 핵심 교리 가운데 하나로 '예수 그리스도의 성격'에 대한 교리이다. 예수를 수행했던 제자들은 처음에는 예수가 인간 가운데 특별한 존재 즉 예언자라고 생각했고, 시간이 지나면서 예언자 가운데 특별한 존재 즉 메시아라고 생각했다. '기름부음을 받는 자'라는 뜻의 아람어 '메시아משיחא'를 그리스어로 번역하면 '크리스토스Χριστός'이고, 이 단어를 우리말로는 통상 '기독' 곧 '그리스도'라고 부른다. 그래서 '기독론'은 예수가 메시아이기는 한데 어떤 성격의 메시아냐에 대한 논쟁이라고도 할 수 있다.

바오로는 진정서간에서 예수를 하느님으로부터 특별한 사명을 받은 예언자를 넘어서는 하느님과 버금가는 신성을 가진 신적인 존재라고 주장했다. 그러나 바오로는 하느님과 그리스도가 동등한 존재 또는 일체인 존재라고 생각하지는 않았다. 그런데 목회서간은 하느님과 그리스도를 동등한 존재로 인식하는 경향을 강하게 보인다. 이 사실은 무엇보다 용어의 사용에서 명확하게 드러난다. 진정서간에서 바오로는 '구원자'라는 용어를 주로 하느님에게만 사용했고 예수에 대해서는 〈필레몬에게 보낸 서간〉에서만 단 한 번 사용했다. 그런데 목회서간에서는 이 용어를 하느님과 예수를 가리키는 용어로 여러 번 사용했다. 그리고 진정서간에서 바오로는 예수의 오심을 신의 세상 출현을 의미하는 '현현ἐπιφάνεια'이라는 용어로 한 번도 사용하지 않았지만, 목회서간은 이 용어를 사용하여 예수의 오심을 설명했다. 이 단어는 예수가 낮은 지위에서 높은 지위로 상승한 것이 아니라 이 세상에 모습을 드러낼 때부터 원래 완벽한 신이었다는 어감을 지니고 있다. 목회서간이 그리스도의 성격을 표현하기 위해서 사용한 두 용어는 그리스도가 하느님에 의해서 선택을 받아서 신적인 존재가 된 것이 아니라 그리스도가 원래 하느님과 동등한 신성을 가진 존재였다는 인식을 담고 있다. 바오로의 진정서간에서 나타나는 기독론과는 상당히 큰 차이가 나는 것이다.

두 번째, 목회서간의 핵심 주제는 성직자 제도를 중심으로 한 교회 관리인데 이런 제도는 바오로 당시에는 성립하기 어려웠다. 바오로가 평생 선교 활동을 통해서 수백 명의 신자를 얻었다. 바오로파 교회로서 규모가 가장 큰 것은 코린토 교회와 에페소 교회였다. 코린토 교회의 구성에 대한 자세한 자료가 전하는데, 이 교회는 8개 이상의 가정 교회로 구성되어 있었다. 가정 교회는 별도의 교회 건물을 세우는 것이 아니라 신자들의 집에서 모이는 모임을 의미한다. 당시 코린토 지역의 주택들은 크기가 작았다. 일반 주택은 10명 미만을 수용할 수 있었고 상당히 부유한 자의 저택은 20명 정도를 수용할 수 있었다. 50명 이상의 손님을 수용할 수 있는 주택은 갑부들이 소유한 대저택이었다. 이런 사실들을 종합적으로 고찰할 때 코린토 교회의 신자는 아무리 늘려 잡아도 총 인원이 200명을 넘기는 힘들 것이다. 대부분의 학자들은 수십 명에서 백여 명 정도로 추산하고 있다. 그런데 바오로가 코린토 교회에 쓴 편지를 보면, 코린토 교회의 모든 신자들이 때때로 "한 곳"에 모이기도 했지만 코린토 교회를 전체적으로 관리하는 성직자의 존재는 관찰되지 않는다(1코린 14:23). 바오로가 살아 있었을 때 교회의 성직자 위계 조직이 발달하지 않았기 때문일 것이다. 초기 기독교 시절 성직자의 위계 서열이 본격적으로 정비되는 것은 빨라야 1세기 말이다. 에페소를 비롯한 아시아 교회에서는 이 시기에 주교를 우두머리로 하는 위계 조직이 성립되었지만, 로마 교회는 이 분야에서 매우 늦어 2세기 중반에 가서야 주교를 중심으로 하는 성직자 위계 조직이 자리 잡았다.

그런데 목회서간에는 주교, 장로, 부제라는 성직자가 등장하고, 그들의 자격과 임무에 대해서 자세히 논의되고 있다. 성직자들의 자격과 임무가 자세하게 논의되었다는 것은 교회가 성직자 위계에 의해서 조직되고 운영되었음을 보여준다(1티모 3:2~8). 목회서간에 나타나는 이러한 성직자 제도는 바오로가 활동하던 시대에는 아직 존재할 수 없었다. 비록 바오로의 진정서간이라고 평가되는 〈필리피 신자들에게 보낸 서간〉에 '주교'라는 단어가 등장하기는 하지만(필리 1:1), 바오로의 진정서간에는 성직자들의 자격과 임무에 대한 논의가 거의 발견되지 않는다. 바오로는 어디까지나 선교사로서 신자를 늘리는 데 집중했지 불어난 신자를 조직적으로 관리하는 데 관심을 기울이지 않았기 때문이다. 목회서간은 교회가 성직자 제도를 정비해가던 시절, 바오로의 신학을 계승했던 어떤 사람이 바오로의 이름을 빌어서 쓴 문서라고 할 수 있다.

세 번째, 목회서간은 바오로가 원래 추구했던 것과 크게 다른 신학 노선을 추구했다. 진정서간의 바오로는 개혁적이고 진보적인 인물이었는데, 목회서간에서는 보수적이고 현실 타협적인 인물로 그려진다. 양자의 차이를 보여주는 가장 대표적인 요소는 여성에 대한 태도다. 바오로는 여성에 대해서 긍정적이고 개혁적인 태도를 지니고 있었다. 그는 선교를 다니면서 여성들의 도움을 적극적으로 받았고, 그들에게 교회 내에서 주도적인 역할을 부여했다.

특히 바오로는 포이베, 프리스킬라, 유니아, 트리패나와 트리포사, 페르시스 등과 같은 여성 사역자들에게 중요한 역할을 부여하곤 했다. 이 중에서도 포이베, 프리스킬라, 유니아가 특별히 눈에 띈다. 포이베는 부제diakonon로 소개되어 있는데 이 직책은 집사로 번역되기도 하지만 부제라고 번역하는 것이 더 적절하다. 부제는 주교를 돕는 성직자로 오늘날로 치면 본당 신부에 해당한다. 그렇다면 포이베는 성직자로 인정을 받았던 셈이다. 프리스킬라는 로마에서부터 기독교를 믿었으며 여러 지역에서 바오로의 사역을 적극적으로 도왔다. 그리고 유니아에 대해서 바오로는 "내 친척이요 나와 함께 갇혔던 안드로니코스와 유니아에게 문안해주십시오. 그들은 사도들 사이에서 뛰어난 자들입니다"라고 말했다(로마 16:7). 유니아라는 여성이 사도 가운데서 유명한 사람이었다는 의미다. 초대교회 신자들은 오랫동안 이 사실을 인정했지만 후대의 기독교 신자들은 여성이 사도였다는 사실을 인정할 수 없었다. 그리하여 유니아를 남성으로 바꾸기 위해서 그녀의 이름을 남성형인 유니아스로 변경해버렸다. 이에 대해서는 9장에서 자세히 살펴보겠다.

이렇게 바오로는 여성에 대해서 매우 긍정적인 시각을 피력했으며 그들의 지위를 개선하고자 노력했고 교회 내에서 그들의 적극적인 활동을 인정했다. 그런데 1세기 말에 오면 상황은 극적으로 반전된다. 교회 내에서 여성의 활동을 억압하기 위한 조처가 적극적으로 취해졌다. 이 사실은 다음 구절에서 잘 확인된다.

여자는 완전히 순종함으로 조용히 배워야 합니다. 나는 여자가 가르치거나 남자를 지배하는 것을 허락하지 않습니다. 여자는 침묵을 지켜야 합니다. 먼저 아담이, 그 다음에 하와가 창조되었습니다. 그리고 아담이 속은 것이 아닙니다. 하와가 속아서 죄에 빠진 것입니다. 그러나 여자가 단정함으로 믿음, 사랑, 거룩함을 계속 유지하면, 출산을 통하여 구원을 받을 것입니다.(1티모 2:11~15)

교회 내에서 여성의 활동을 억압하려는 태도는 목회서간 전반에서 관찰된다. 목회서간은 교회를 가부장의 지휘하에 있는 가정에 비유하고 있는데 그 가정의 중심인물은 모두 남성이다. 그리하여 주교, 장로, 부제로는 모두 남성으로서 아내를 거느리고 가정을 잘 건사하는 사람만 가능하다고 규정하고 있다. 여성들에게 부여된 임무는 집안 살림을 잘하고 남편에게 순종하는 것이다. 목회서간의 이런 태도는 원래 바오로가 추구했던 사상과는 거리가 먼 것이며 그의 사상을 현실에 맞게 수정하려는 것이었다. 목회서간은 바오로가 쓴 것이 아니라 바오로가 죽은 뒤 1세기 후반이나 2세기 초에 교회가 로마라는 현실 세계에 적응하는 과정에서 작성된 문서다.

네 번째, 목회서간이 전하고 있는 바오로의 삶과 생애는 바오로의 진정서간과 〈사도행전〉이 전하는 내용과 여러 가지 점에서 다르다. 가령 〈티모테오에게 보낸 첫째 서간〉에 이런 구절이 나온다. "내가 마케도니아로 가면서 당부한 대로 그대는 에페소에 머무르면서 그곳의 일부 사람들에게 그릇된 교리를 가르치지 말라고 지시하십시오."(1티모 1:3) 이 구절에 따르면 바오로가 마케도니아로 갈 때 티모테오는 에페소에 머물러 있었다. 그런데 이 구절의 내용을 전하는 〈사도행전〉은 거꾸로 바오로가 먼저 티모테오를 마케도니아로 보냈고, 바오로가 아시아에 더 머물다가 따라갔다(사도 19:22). 따라서 〈티모테오에게 보낸 첫째 서간〉은 〈사도행전〉과 모순된다. 〈티모테오에게 보낸 둘째 서간〉, 〈티토에게 보내는 서간〉에서도 이 와 비슷한 모순이 여러 가지 발견된다. 이렇게 목회서간이 바오로 의 진정서간이나 〈사도행전〉과 차이를 보이는 것은 목회서간의 작 성자가 바오로의 생애를 정확하게 몰랐기 때문이다.

목회서간은 바오로가 쓴 것이 아니며 오히려 바오로의 진정서 간이 펼치는 사상을 부정하고 있다. 바오로의 진정서간과 목회서간 을 하나로 묶어 놓고 둘을 조화시켜서 하나의 교리를 만들려는 시 도는 헛된 일이다. 보수적인 학자들조차도 목회서간이 바오로의 작 품이 아니라고 인정하고 있기에 목회서간을 모두 성경에서 들어내 고 삭제하는 것이 바람직할 것이다.

9

남성들, 성경을 관리하다

이탈리아 로마 도미틸라 카타콤베 '사도들의 묘실arcosolium'
의 열두 사도가 그려진 유명한 프레스코화. 바로 밑 오른쪽
과 왼쪽은 베드로와 바오로. 원래 한가운데는 어떤 여인이
기도하는 모습이 그려져 있었지만, 여성이 베드로와 바오로
보다 더 중요한 인물이었다고 인정할 수 없었던 기독교 남성
신자들은 여인의 모습을 완전히 지워버렸다.

'유명한 여성 사도' 유니아(우). 바오로가 유니아에 대해서
"그들은 사도들 가운데서 유명한 사람들이고, 나보다 먼
저 그리스도를 믿은 사람"이라고 언급할 정도였다(로마
16:7). 왼쪽부터 안드로니코스와 아타나시우스.

사악한 문구냐 거룩한 말씀이냐

8장에서 보았듯, 원래는 짧게 쓰인 여러 편지들을 편집해서 하나로 묶으면서 바오로의 서간서들은 고대의 편지글에 어울리지 않게 분량이 매우 긴 어색한 글이 되었다. 그런데 바오로의 서간들이 길어진 다른 이유가 있다. 바오로 서간에서도 후대 편집자들이나 서기들이 삽입한 구절들이 적지 않게 관찰되는 것이다. 오늘날 다수의 학자들이 후대의 삽입이 확실하다고 이야기하는 대표적인 구절을 살펴보자.

여자들은 교회 집회에서 잠잠하십시오. 율법에 규정되어 있듯이, 그들에게 말하는 것은 허락되지 않습니다. 그들은 오직 남자에게 복종해야 합니다. 알고 싶은 것이 있으면 집에 돌아가서 남편들에게 물어보십시오. 여자가 교회에서 말하는 것은 수치스러

운 일입니다.(1코린 14:34~35)

이 구절은 2천 년 동안 여성들의 운명을 나락으로 떨어뜨린 '사악한 문구'다. 남성 중심의 기독교 지도자들은 이를 근거로 남성에게 복종하고 교회 모임에서 발언조차 하지 말 것을 여성들에게 요구해왔다. 그런데 남성들이 사도 바오로의 '거룩한 말씀'이라며 주장해왔던 이 구절은 여러 가지 이유에서 후대에 삽입되었음이 확실하다.

먼저 필사본의 연구 성과를 살펴보자. 논란의 핵심 증거는 바티칸 사본이다. 1995년에 이 문제를 본격적으로 제기한 페인Philip Payne에 따르면, 4세기에 작성된 바티칸 사본은 이전의 여러 사본을 꼼꼼히 대조하여 엄격하게 텍스트 비평을 한 후에 원문을 확정했다. 이 사본의 신약성경 텍스트에 있는 27개의 바-움라우트bar-umlaut에서 이 사실을 확인할 수 있다. 이 표시는 바 모양의 선 위에 분음 부호(움라우트)를 표시한 것인데, 이렇게 표시된 구절들을 조사해보면 그중 23개에 이문이 있었다. 앞서 살펴보았던 〈요한 복음서〉 7:53~8:11의 간음하다 잡힌 여자 이야기에도 똑같은 방식으로 바-움라우트가 표시되어 있었다. 바티칸 사본의 필사자가 이 구절의 진정성에 심각한 의심을 품고 있었음을 의미한다. 〈코린토 신자들에게 보낸 첫째 서간〉 14:34~35도 원래 원문에는 없다가 후대에 삽입되었다는 사실을 바티칸 사본의 필사자가 알고 있었기 때문에 사본에 특별한 표시가 되어 있다.

문제의 이 구절이 후대에 삽입되었다는 것을 보여주는 추가의 사본 증거들이 있다. 베자 사본을 비롯한 다수의 서방 사본들에서 〈코린토 신자들에게 보낸 첫째 서간〉 14:34~35은 33절이 아니라 40절 뒤에 온다. 이렇게 서방 사본들에서 〈코린토 신자들에게 보낸 첫째 서간〉 14:34~35의 위치가 다른 것은 문제의 구절이 원래는 여백에 있다가 후대에 위치를 옮겨서 본문에 삽입되었고, 그 때문에 삽입된 위치가 달랐을 가능성을 암시한다. 또한 페인은 서방 사본 계열이 아닌 12세기 소문자 사본 즉 MS. 88을 점검했다. 이 사본에서 문제의 구절이 33절에 오는 것이 아니라 40절 이후에 오고 40절 다음에 두 개의 빗금이 그어져 있는 것을 발견했다. 이렇게 특이한 현상이 어떻게 일어났을까?

페인에 따르면, MS. 88의 필사자는 〈코린토 신자들에게 보낸 첫째 서간〉 14:34~35이 포함되어 있지 않은 사본을 대본으로 삼아 필사 작업을 하고 있었다. 필사자는 대본에 따라서 33절을 필사한 후에 36절을 필사하다가 34~35절이 없다는 것을 깨달았다. 그렇지만 이미 36절 이하의 필사가 상당히 이루어진 상황이었기 때문에 40절까지 필사를 마치고 34~35절을 보충했다. 그리고 34~35절은 원래 다른 위치에 있어야 한다는 표시로 두 개의 빗금을 그었다. MS. 88의 원본 격인 대본에는 14:34~35이 없었던 것이다.

이렇게 사본 증거들은 〈코린토 신자들에게 보낸 첫째 서간〉 14:34~35의 진정성에 중대한 의문을 제기했다. 그렇지만 사본 증거만으로 문제의 이 구절이 후대에 삽입되었다고 단정할 수는 없다. 여러 사본들에서 이 구절에 특별한 표시가 되어 있고 또 위치가 다르기도 하지만, 아직까지 문제의 구절을 포함하고 있지 않는 사본이 발견되지 않았기 때문이다. 그렇다면 우리는 〈코린토 신자들에게 보낸 첫째 서간〉 14:34~35이 원래 원문에 있었을 가능성도 열어두고 3세기 이전의 문헌을 정밀하게 분석해 보아야 한다.

바오로 서간은 현재 신약성경에 포함된 어떤 문서보다 먼저 코덱스 형태로 묶여 있었다. 이미 1세기 말에 이 작업이 수행되었으며, 2세기에는 많은 교부들이 신앙의 준거로 이용했다. 안티오키아의 이그나티우스, 유스티노스, 이레나이우스와 같은 교부들은 바오로 서간을 수없이 많이 인용했다. 특히 아테나고라스Athenagoras는 〈코린토 신자들에게 보낸 첫째 서간〉 14:32과 14:37을 인용했고, 3세기 초에 활동했던 알렉산드리아의 클레멘스는 14:6, 9, 10, 11, 13, 20을 인용했다.

그럼에도 불구하고 이들 가운데 누구도 〈코린토 신자들에게 보낸 첫째 서간〉 14:34~35을 인용하지 않았다. 2세기 기독교 지도자들은 성윤리에 대해서 대단히 민감했고, 성윤리를 제도적으로 규제하고자 많은 노력을 기울이면서, 남성 중심적인 시각에서 여성들의 활동을 통제하려고 했는데, 아무도 후대에 전가의 보검으로 사용되는 이 구절을 인용하지 않았던 것은 매우 기이하다. 최초로 인용한 교부는 테르툴리아누스다. 그는 2세기 말 혹은 3세기 초에 이단인 영지주의가 여성들의 지위를 높이 평가하는 데 대항하고자 이 구절을 이용했다. 그렇다면 1~2세기 교부 문헌에는 〈코린토 신자들에게 보낸 첫째 서간〉 14:34~35이 등장하지 않는다고 결론 내릴 수 있다. 만약 바오로 서간의 원문에 이 구절이 있었다면 이런 현상은 일어나지 않았을 테니까, 1~2세기 교부 문헌에 이 구절이 등장하지 않는 것이 원래 바오로 서간의 원문에 없었을 가능성을 뒷받침하는 결정적인 증거가 된다.

이렇게 사본 증거에도 많은 문제가 있고 또 초기 교부 문헌으로도 입증되지 않기 때문에 오늘날의 많은 학자들이 이 구절이 후대에 삽입되었다고 생각하고 있다. 2세기 후반에 누군가 의도적으로 삽입했다면 그 목적은 당연히 교회 내에서 여성의 역할을 축소하고 지위를 하락시키려는 것이었을 테고.

두 번째, 〈코린토 신자들에게 보낸 첫째 서간〉 14장을 주의 깊게 읽어보면 〈코린토 신자들에게 보낸 첫째 서간〉 14:34~35을 삭제해야 문맥이 자연스럽게 이어진다. 〈코린토 신자들에게 보낸 첫째 서간〉 14장은 예배를 볼 때의 질서와 통일성이 주제인데, 29절부터 33절까지는 예언자의 역할에 대해서 설명하고 있으며 36장에서 다시 예언자에 대해서 이야기하고 있다. 그러니까 14:34~35을 삭제하고 33절과 36절을 연결하면 문맥이 자연스러워지는 것이다. 게다가 14:34~35의 주장은 바오로 서간의 다른 구절들의 주장, 가령 〈코린토 신자들에게 보낸 첫째 서간〉 11:2~16의 주장과 조화되지 않는다. 여기서 여성은 교회 내에서 기도하고 예언할 수 있었다. 또한 〈갈라티아 신자들에게 보낸 서간〉 3:27~28에서 바오로는 교회 내에서 남자와 여자 사이에 아무런 차별이 없다고 명확히 밝혔다. 따라서 〈코린토 신자들에게 보낸 첫째 서간〉 14:34~35은 바오로 서간의 다른 구절들과 조화될 수 없다.

세 번째, 〈코린토 신자들에게 보낸 첫째 서간〉 14:34~35에서 사용된 단어들을 분석해보면 바오로가 전형적으로 구사하는 것이 아니라는 사실을 확인할 수 있다. 가령 34절에 나오는 '시가오_σιγάω' 즉 '침묵하다'라는 의미의 단어는 바오로의 진정서간 가운데 오직 〈로마 신자들에게 보낸 서간〉 16:25에만 나온다. 그런데 〈로마 신자들에게 보낸 서간〉 16:25도 후대에 삽입된 것으로 심각하게 의심받고 있다.

오늘날 학자들은 〈코린토 신자들에게 보낸 첫째 서간〉 14:34~35 이외에도 많은 구절들이 후대에 변개되거나 삽입되었다고 의심하고 있다. 〈로마 신자들에게 보낸 서간〉 1:18~2:29, 3:12~18, 3:24~26, 4:14, 7:6, 7:25b, 8:1, 8:9~11, 9:5, 10:9, 10:17, 11:6, 12:11, 13:1~7, 14:6, 15:4, 16장 전체, 〈코린토 신자들에게 보낸 첫째 서간〉 2:6~16, 4:6c, 6:14, 7:29~31, 10:1~22, 11:2~16, 11:23~25, 12:31b, 14:1a, 15:3~11, 15:21~22, 15:31c, 15:44b~48, 15:56, 〈코린토 신자들에게 보낸 둘째 서간〉 6:14~7:1, 〈갈라티아 신자들에게 보낸 서간〉 2:7b~8, 〈필레몬에게 보낸 서간〉 1:1c, 2:6~7, 〈테살로니카 신자들에게 보낸 첫째 서간〉 2:13~16, 4:1~8, 4:10b~12, 4:18, 5:1~11, 5:12~22, 5:27이 그런 구절들로 논의되고 있다.

이렇게 바오로 서간의 많은 구절들이 후대에 삽입된 것이 오늘날 우리가 읽고 있는 바오로 서간들이 길어진 또 다른 이유다. 고대에 문서를 변조하거나 원래 문서에 새로운 내용을 삽입하는 것이 매우 일반적이었고 초기 기독교의 문서들도 같은 운명을 겪었다는 것을 고려해보면, 바오로 서간의 원문만 잘 보존되었고 오늘날 우리가 갖고 있는 바오로 서간을 모두 바오로가 썼다고 믿는 것은 순진한 일이다.

바오로 서간은 원래 고대의 다른 편지글처럼 짧은 글이었는데, 여러 편지가 합쳐지고, 또 여러 구절이 삽입되면서 길어졌다. 그런데 바오로 서간의 길이 문제는 바오로 서간의 진정성을 따지는 데 또 다른 시사점을 주기도 한다. 앞서 이야기했듯이 바오로 서간 13편 가운데 6편은 바오로가 직접 쓴 것이 아니라 후대에 누군가가 바오로의 이름으로 쓴 것이다. 그런데 이 차명 서간들은 진정서간보다 문장이 긴 경향을 보인다. 가령 〈에페소 신자들에게 보낸 서간〉은 100개의 문장으로 되어 있는데 그 가운데 9개의 문장이 50개 이상의 단어로 이루어져 있다. 진정서간인 〈로마 신자들에게 보낸 서간〉과 비교해보면 〈로마 신자들에게 보낸 서간〉 1~4장이 〈에페소 신자들에게 보낸 서간〉 전체의 길이와 비슷한데, 〈로마 신자들에게 보낸 서간〉 1~4장은 581개의 문장으로 되어 있고 그 가운데 오직 3개만 50개 이상의 단어로 구성되어 있다. 〈코린토 신자들에게 보낸 첫째 서간〉의 경우에는 1~4장이 621개의 문장으로 이루어져 있는데, 그 가운데 오직 1개의 문장만이 50개 이상의 단어로 구성되어 있다. 〈코린토 신자들에게 보낸 둘째 서간〉을 비롯한 다른 진정서간에서도 사정은 비슷하다. 진짜 바오로는 비교적 짧은 문장을 간결하게 구사했던 데 반해서, 가짜 바오로는 장황하고 긴 문장을 구사했던 것이다.

지워진 여인, 수염 난 여인

초기 기독교의 남성 지도자들은 지독한 남성 우월주의자들이었다. 이런 사실을 가시적으로 잘 보여주는 유적들이 있다. 로마에는 가장 규모가 큰 것으로 유명한 도미틸라 카타콤베가 있다. 여기에는 사도들의 묘실arcosolium이 있는데 아치 밑에 그려진 열두 사도 프레스코화로 유명하다. 그런데 프레스코화 바로 밑에는 또 다른 그림이 있다. 그림 가운데는 원래 한 여인이 기도하는 모습이 자리잡고 있었고, 그 여인의 오른쪽과 왼쪽에 베드로와 바오로가 그려져 있었다. 어떤 여인이 초대 교회의 두 기둥이라고 할 수 있는 베드로와 바오로를 좌우에 대동하고 기도를 하고 있는 이 그림은, 1세기에서 2세기 전반기까지 교회 내에서 여성이 지도자로서 활동하고 있었고 그 가운데는 사도 베드로나 바오로보다 더 권위 있는 인물이 있었다는 사실을 보여준다.

그런데 기독교 지도자들은 여성이 베드로와 바오로보다 더 중요한 인물이었다고 인정할 수 없었다. 그래서 그 여인의 모습을 완전히 지워버렸다. 기독교 남성 신자들의 이런 노골적인 여성 폄하 행위는 프리스킬라 카타콤베의 벽화에서도 관찰된다. 이 카타콤베의 한 벽화는 여성들이 탁자에 둘러앉아 식사를 하고 있는 장면을 묘사하고 있다. 장례 미사나 성찬식을 기념하는 식사로 보이는데, 여성들이 성찬식을 주도했었던 것으로 여겨질 수 있다고 남성 신자들은 판단했다. 여성이 감히 성찬식을 주도하다니! 이 장면을 그대로 둘 수 없었던 그들은 여성들의 얼굴에 수염을 그려 넣었다.

이렇게 지독한 남성 우월주의자들이 성경의 대부분을 썼고, 또 '관리'했다. 이 때문에 성경에는 여성을 남성의 부속물이나 종속물로 치부하는 억압적인 인식이 드러나 있으며, 남성 중심적 위계질서를 뒷받침하고 여성을 억압하는 도구로 이용되어왔다. 20세기 후반 페미니스트 신학자들이 성경 연구를 시작하면서 이런 사실이 진지하게 논의되었다. 이 문제를 연구한 페미니스트 신학자들의 태도는 두 가지로 나뉘었다. 어떤 이들은 성경이 여성을 억압하는 도구라는 사실에 절망한 채 교회를 떠났고, 다른 이들은 교회의 테두리 내에 머물면서 성경의 해석과 본문의 수정을 요구하고 있다.

필사본 연구도 성경 본문의 수정을 요구하는 페미니스트들의 요구가 정당한 것임을 뒷받침하고 있다. 성경이 남성들에 의해서 집필 편집되었기 때문에 어느 정도 남성 중심의 시각을 반영하고 있다는 사실을 부정할 수는 없는 것이다. 그러나 예수와 바오로가 활동했던 시기의 초기 기독교는 당시 사회의 통념으로 보기에는 파격적일 정도로 여성에게 우호적이었다. 예수와 바오로는 여러 여성을 제자나 동역자로 삼았고 여성이 교회 내에서 많은 역할을 수행할 수 있는 환경을 조성했다. 그런데 70년 이후 기독교가 로마 제국으로 전파되어나가고 기성 종교로 성장해가면서, 여성에 대한 긍정적이고 우호적인 시각보다도 부정적이고 비판적인 시각이 커져갔다. 성경 내에서도 초기에 쓰인 작품일수록 여성에게 우호적이고 개방적인 태도를 견지하고 있는 데 반해, 후대에 쓰인 작품일수록 부정적이고 폐쇄적인 태도를 취하는 경향을 보인다. 특히 바오로의 진정서간이 여성에게 우호적인 시각을 피력하고 있지만, 후대에 쓰인 목회서간은 편협하고 억압적인 태도를 취하고 있다는 것은 잘 알려진 사실이다.

　2세기 이후 초기 기독교 지도자들은 예수와 바오로가 여성에게 우호적인 태도를 취했고, 성경에 그런 인식이 일부 반영되어 있다는 사실을 발견하고는 큰 불편과 당혹감을 느꼈다. 특히 2세기 이후에도 교회 내에서 여성들의 역할을 적극적으로 인정하려는 교파들이 존재했는데, 그들의 세력 확대는 기독교의 생존 자체를 위협하는 요인으로 비추어지기도 했다. 로마 사회가 남성 중심으로 편제되어 있는데 기독교가 계속 파격적으로 여성에게 우호적인 시각을 피력하면, 기독교가 사회 파괴적인 종교로 인식될 수 있기 때문이었다.

　이런 배경 아래서, 2세기 이후 기독교 지도자들은 성경 본문을 수정했다. 이 작업은 두 가지 방식으로 이루어졌다. 하나는 여성에게 우호적이고 긍정적인 시각을 견지하고 있는 성경 텍스트에서 철자나 단어 순서를 수정하거나 짧은 구절을 바꾸는 것이고, 다른 하나는 기존 텍스트에서 한 문장 전체를 삭제해버리거나 기존에 없는 문장을 추가하는 것이다. 〈코린토 신자들에게 보낸 첫째 서간〉 14:34~35이 후대에 삽입되었을 가능성이 높다는 것은 앞서 살펴보았다. 여기서는 여성을 비하하기 위해서 수정된 구절들에 대해서 좀 더 살펴보자.

유명한 여성 사도, 유니아

원문을 어떻게 수정하면 남성에게 유리하게, 반면에 여성에게 불리하게 될까? 앞으로 살펴볼 것처럼 여러 가지 방법이 동원되었는데, 가장 첫 번째는 단어의 철자를 조금 바꾸는 것이다. 〈사도행전〉 17:4을 보면 바오로와 실라스는 테살로니카에 가서 복음을 전파했고, 그 결과 많은 개종자를 얻었다. "그 밖에도 많은 경건한 그리스 사람들과 적지 않은 지체 높은 여자들이 그들을 따랐다." 그런데 4세기 이후 몇몇 필사자들은 "지체 높은 여자"라는 문구가 마뜩잖았다. 여자가 지체 높다는 사실이 싫었던 것이다. 그래서 베자 사본과 일부 라틴 사본들은 원문의 '구나이콘 톤 프로톤$_{γυναικων των πρωτων}$'을 '카이 구나이케스 톤 프로톤$_{και γυναικες των πρωτων}$'으로 바꾸었다. 원문의 "지체 높은 여자"를 "지체 높은 남자들의 여자들"로 바꾼 것이다. 이렇게 '구나이콘$_{γυναικων}$'이라는 단어의 어미 두 자를 바꿈으로써 베자 사본은 지체 높은 여성을 남성의 종속물로 변경해 버렸다.

이렇게 특정 단어에서 철자를 1~2개 바꿈으로써 뜻을 완전히 다르게 만들 수 있는데, 이 기법은 특히 여성을 남성으로 바꿔치기 하는 작업에서 애용되었다. 라오디케이아 교회에서 활동했던 님파 라는 인물이 있었다(1콜로 4:15). 이 사람이 여성인지 남성인지가 논란이 되어왔는데, 최근에는 여성이라는 견해가 우세해지고 있다. 사실 원어인 그리스어에서는 그녀가 남성인지 여성인지 혼동이 있을 수 없다. 이름이 목적격인 '님판$_{Νυμφαν}$'으로 제시되어 있기 때문에 주격 명사가 '님파$_{Νυμφα}$'인지 '님파스$_{Νυμφας}$'인지 구별할 수 없지만, 이름 뒤에 곧 "그(녀)의 집에 모인"이라는 단어가 나오기 때문이다. '그녀의 교회$_{αυτης εκκλησίαν}$'라고 표시하면 여성이 되고 이름은 님파가 되는 반면, '그의 교회$_{αυτου εκκλησίαν}$'라고 표시하면 남성이 되고 이름은 님파스가 된다. 그런데 문제는 그녀의 성에 대한 사본 증거가 혼란스럽다는 점이다. 오래되고 좋은 다수의 사본이 그녀를 남성으로 보고 '그의 교회'라고 적고 있지만, 4세기 사본인 바티칸 사본을 비롯해 상당수의 사본은 그녀를 여성으로 보고 '그녀의 교회'라고 표기하고 있다. 오히려 사본 증거만으로는 그녀는 남성이고 이름은 님파스일 가능성이 높다고 볼 수도 있다.

그러나 현재 대부분의 성경 편찬자들과 연구자들은 바티칸 사본을 따라서 그녀는 여성이고 이름은 여성형인 '님파'라고 생각하고 있다. 여기에는 다음과 같은 이유가 있다. 먼저, 3세기의 교부인 오리게네스는 님파를 여성으로 보았다. 그러니까 비록 사본 증거가 약하다고 하더라도 님파스를 여성으로 보는 견해가 시기적으로 뒤진다고 볼 수 없는 것이다. 둘째, 비문이나 문헌에 대한 언어학적인 연구에 따르면, 바오로의 시기에 남성형인 님파스가 발견되지 않은데 반해서 님파는 60회 이상 발견된다. 셋째, 2~3세기에 교회를 주도했던 남성들이 여성인 님파를 남성으로 바꾸는 것은 있을 법한 일이지만, 남성인 님파스를 여성으로 바꾸지는 않았을 것이다. 기독교 남성 지도자들이 '그녀의 교회'라는 표현에 강한 거부감을 느껴서 성경 본문을 변경했다고 보는 것이 합리적이다. 기독교 남성 지도자들이 이 표현을 거북하게 생각했다는 것은 다른 사본 증거에서도 확인되는데, '그들의 교회'라고 표기된 후대의 사본이 눈에 띄기 때문이다. 그렇다면 원래 님파는 여성이었고 한 교회를 책임지고 있는 '사제'였는데, 남성 지도자들이 '그녀의$_{αυτης}$'라는 단어를 '그의$_{αυτου}$'로 변경함으로써 그녀를 남성으로 둔갑시켰다고 보는 것이 타당하다.

이렇게 여성을 남성으로 바꾸어버리는 또 다른 사례는 유니아라는 여성의 경우다. 바오로는 〈로마 교회에 보내는 편지〉에서 유니아라는 여성을 언급하면서 "내 친척이면서 나와 함께 옥살이했던 안드로니코스와 유니아에게 문안해주십시오. 그들은 사도들 가운데서 유명한 사람들이고, 나보다 먼저 그리스도를 믿은 사람들"이라고 말했다(로마 16:7). 이 구절에서 "사도들 가운데서 유명한 사람들"이라는 것이 무슨 의미일까? 현재 한글 번역 성경들은 대개 "사도들에게 평이 좋은 사람들", "사도들에게 잘 알려진 사람들"의 의미로 해석하고 있다. 그러나 한글 성경 중 '현대인의 성경'이 "그들은 사도 가운데 뛰어난 사람"이라고 했듯이, 단순히 사도들에게 알려진 존재가 아니라 "유명한 사도들"이라고 해석하는 것이 타당하다. 이렇게 해석하면 여성인 유니아가 유명한 사도가 되는 셈이다.

보통 예수의 열두 제자만을 사도라고 생각하는 까닭에 유니아를 사도로 부르는 것을 기이하게 여기는 사람들도 있겠지만, 1세기 기독교 세계에서 사도는 열두 제자만을 가리키는 용어가 아니었다. 이 단어는 '사명을 받아서 파견된 자'라는 원래의 의미답게 좀 더 넓게 사용되었다. 그래서 바오로는 물론, 코린토 교회에서 자기와 함께 일했던 아폴로도 사도라고 불렸던 것이다. 유니아도, 당시 교회에서 중요한 역할을 담당하고 있는 여성이라면 사도라고 불렸을 수 있다. 실제로 고대의 기독교 지도자들은 그렇게 해석했다. 즉 유니아가 사도이고 교회에서 중요한 역할을 하고 있었을 것이라고. 그런데 중세 말 이후 이 사람의 성 정체성에 대한 혼란이 발생했다. 마르틴 루터를 비롯해서 기독교의 주요 지도자들이 그녀를 남성으로 여겼고, 근대 대다수의 기독교 신자들이 그렇게 믿었다. 그녀가 원래의 이름을 되찾은 것은 20세기 후반 페미니즘 신학이 발달하고 사본 연구가 활발해졌기 때문이다. 왜 이런 혼란이 발생했을까?

유니아의 성 정체성에 대한 혼란을 이해하려면 언어학적인 논의가 필요하다. 원래 그리스어로 기록된 바오로의 편지에서 유니아의 이름은 목적격 '유니안$_{Ιουνιαν}$'으로 제시되어 있는데, 주격으로 전환하면 '유니아$_{Ιουνια}$'와 '유니아스$_{Ιουνιας}$'가 모두 가능하다. 바오로의 편지 원문을 문법적으로만 본다면 유니아가 남성인지 여성인지 판별할 수 없는 것이다. 그러나 유니아가 여성이라는 분명한 근거가 있다. 먼저, 파피루스 사본 45를 비롯한 고대의 많은 사본들이 그녀를 '유니안$_{Iουνιαν}$'이 아니라 '율리안$_{Iουλιαν}$'이라고 적고 있다. 고대 사본의 필사자들이 유니아가 아니라 율리아라고 적고 있기는 하지만, 그녀가 여성이라는 사실은 확고하게 인식하고 있었다는 것을 의미한다. 둘째, '황금의 입'이라고 불리며 4세기에 활동한 당대 최고의 설교가인 요안네스 크리소스토모스$_{Ioannes\ Khrysostomos}$를 비롯한 고대 대부분의 기독교 신자들은 유니아를 여성으로 보았다. 특히 그녀를 여성 사도라고 칭송했다. 세 번째, 바오로의 시기에 유니아스라는 남성형 이름은 이론적으로는 가능하지만 실제로는 거의 쓰이지 않았다. 이상과 같이 유니아가 여성이었다는 사실은 부정할 수 없게 확실하다.

그럼에도 불구하고 중세 말 근대 초의 기독교 신자들이 그녀를 남성으로 보았던 근거는 무엇일까? 앞서 설명했듯이, 유니아의 이름이 목적격인 유니안으로 제시되어 있기 때문에 그 주격 형태는 유니아와 유니아스가 모두 가능하다. 거의 대부분 교부들과 고대 사본들은 그녀를 여성으로 보았는데, 4세기에 교부였던 에피파니우스$_{Epiphanius}$는 '바오로가 언급했던 유니아스'라는 표현을 써서 그녀가 남성이라고 주장했다. 그렇지만 그 후에도 그의 의견을 추종하는 사람은 거의 없었는데, 13세기에 아이기디우스$_{Aegidius}$라는 로마 주교가 유니아라는 여성이 사도였다는 사실을 인정할 수 없었기 때문에 그녀가 남성이라고 단정적으로 말했다. 그 후 근대 성경 편찬자들은 그녀의 이름에 'S'자를 삽입해서, 그녀를 남성으로 확정했다. 결국 유니아의 이름이 바뀐 것은 중세 말에서 근대 초에 남성 중심주의가 팽배했기 때문이었다.

지체 높은 여성들 먼저!

철자를 살짝 바꾸기 다음으로 애용되는 수법은 단어의 순서 바꾸기다. 특히 여성과 남성을 동시에 거론하는 문장에서 여성이 먼저 나오는 경우에 쓰인다. 신약성경에는 고대의 다른 문헌과 비교할 수 없을 정도로 많은 여성의 이름이 등장한다. 그들은 예수와 바오로의 제자와 동역자들이었다. 사도 바오로를 도왔던 유대인 프리스킬라라고 불리기도 하는 프리스카와 아퀼라가 대표적인 예이다. 두 사람은 부부로서 코린토에서 사도 바오로를 만났고, 그 후 줄곧 바오로를 도와서 바오로파 교회를 발전시키는 데 크게 기여했다. 바오로는 그 부부를 한 번은 프리스카와 아퀼라, 또 한 번은 아퀼라와 프리스카라고 불렀다(로마 16:3, 1코린 16:19). 바오로의 후계자가 쓴 〈사도행전〉은 18:26에서 그 부부의 이름을 부르면서 '프리스카와 아퀼라'라고 불렀다. 지금도 그렇지만 고대 세계에서는 특히 사람의 이름을 열거할 때 중요한 사람의 이름을 앞에 두고, 덜 중요한 사람의 이름을 뒤에 두는 것이 관행이었다. 그렇다면 여성인 프리스카의 이름이 남성인 아퀼라의 이름보다 먼저 나온다는 것은, 프리스카가 매우 큰 역할을 한 인물이고 아퀼라는 상대적으로 역할이나 지위가 낮았다는 의미다.

4세기까지 이 부부 이름의 순서를 바꾸는 일은 일어나지 않았다. 고대의 주요 사본이라고 할 수 있는 시나이 사본, 알렉산드리아 사본, 바티칸 사본은 이 구절을 전하면서 프리스카의 이름을 먼저 실었다. 그런데 5세기의 사본인 베자 사본을 비롯한 서방 사본들에서는 아퀼라의 이름이 먼저 나오고 프리스카의 이름이 나중에 나온다. 이렇게 이름의 순서가 바뀐 것이 우연이라고 할 수 있을까? 〈사도행전〉 18:26에 따르면 코린토에는 아폴로라는 인물이 있었고, 그가 예수에 관해서 이야기를 하는 것을 프리스카와 아퀼라가 듣고 좀 더 상세히 가르쳐주었다. 베자 사본은 이 구절 본문에서 '아쿠산테스_ἀκούσαντες'를 '아쿠산토스_ἀκούσαντος'로 수정했다. 이렇게 바꾸면 복수 1격 분사를 단수 1격 분사로 바꿈으로써 말을 들은 사람이 아퀼라 혼자가 된다. 이렇게 이름의 순서를 바꾸고 또 프리스카가 들었다는 사실마저 감추는 일이 한 구절에서 연달아 발생했는데 우연이라고 말할 수 있을까? 설령 베자 사본의 변개가 우연이라고 할지라도 이후 여러 서방 사본들은 이 구절에서 부부 이름의 순서를 아퀼라와 프리스카라 바꾸었고, 그 때문에 에라스무스의 그리스어 성경에서도 아퀼라와 프리스카라는 순서가 채택되었다.

베자 사본은 〈사도행전〉 17:12에서도 이렇게 남성과 여성을 가리키는 단어의 순서를 바꾸었다. 이 구절은 바오로와 실라스가 베로이아에서 복음을 전파하자 많은 사람들이 개종했는데 신자들 가운데는 "지체 높은 그리스 여성들과 남성들"도 있었다고 전하고 있다. 그런데 베자 사본은 이 구절을 "지체 높은 그리스 남성들과 여성들"이라고 바꾸었다. 당연히 사본 필사자가 순서를 이렇게 바꾼 이유는 여성이 남성보다 먼저 거론되는 것은 바람직하지 않다는 편견을 가지고 있었기 때문이다.

베자 사본을 비롯한 서방 사본은 순서 바꾸기뿐만 아니라 생략을 통해서 여성의 지위를 낮추기도 한다. 이 현상은 〈사도행전〉 17:34에서 관찰된다. 이 구절에 의하면 사도 바오로가 아테네에 선교했을 때 아레오파고스 회의의 의원이었던 디오니시오와 다마리스를 비롯한 여러 사람이 개종했다. 그런데 베자 사본은 이 구절에서 다마리스의 이름을 삭제했다. 원래 〈사도행전〉의 저자가 다마리스라는 여자의 이름을 특별히 거론했던 것은 그녀가 지체가 높거나 훗날 아테네의 기독교 공동체에서 중요한 역할을 했기 때문일 것이다. 베자 사본의 필사자는 여성이 그렇게 중요한 역할을 하고 있다는 사실을 인정할 수 없었기 때문에 그녀의 이름을 삭제해버렸다.

생략을 통해서 성적 편향을 보이는 것은 〈마태오 복음서〉 5:32b에서도 관찰된다. 베자 사본을 비롯한 여러 서방 사본은 이혼에 대한 예수의 가르침을 전하면서 5:32b, 즉 "또 그 버림받은 여자와 결혼하면 그것도 간음하는 것"이라는 구절을 생략했다. 〈마태오 복음서〉에서 이 구절을 생략한 이유는 5:32a에서 이미 "누구든지 음행한 경우를 제외하고 아내를 버리면, 이것은 그 여자를 간음하게 하는 것이다"라고 말했기 때문에 5:32b은 중복의 의미가 있기 때문이라고 생각할 수 있다. 아우구스티누스 이래 많은 주석가들이 이렇게 생각해왔다.

그러나 곰곰이 따져보면 〈마태오 복음서〉 5:32은 대단히 기묘하다. 5:32a은 남자가 음행하지 않은 여자를 버리면 여자로 하여금 간음하게 하는 것이라고 규정하고 있다. 물론 예수는 어떤 이유로든 아내를 버리면 안 된다는 취지로 가르쳤을 것이다. 하지만 5:32a만을 글자 그대로 읽어보면, 남자가 음행하지 않은 여자를 버리는 경우 죄를 짓는 것은 여자다. 그런 행위를 하면 남자가 간음의 죄를 범하는 것이 아니라 여자로 하여금 간음을 하게 만든다고 했기 때문이다. 여자는 아무런 이유도 없이 이혼을 당했는데 간음의 죄까지 범하게 되는 것이니 상식에도 맞지 않을 뿐더러 남성에게는 유리하고 여성에게는 대단히 불리하게 된다.

그런데 5:32b은 여자가 아니라 남자에게 책임을 묻고 있다. 그렇게 버림받은 여자와 결혼하면 여자가 아니라 남자가 간음하는 것이라고 규정했기 때문이다. 결국 5:32b을 삭제하고 5:32a을 읽으면 남자가 이혼하는 경우에 있어서 죄의 책임은 남자가 아니라 여자가 지게 된다. 그러니까 5:32b을 삭제한다면 남자가 여자를 버리는 데 아무런 문제가 생기지 않는다. 5:32b의 삭제는 이혼 문제에서 남성의 책임을 없애주는 효과가 있는 것이다. 5:32b의 삭제는 또 다른 의미가 있는데, 이 규정을 삭제하면 남자가 이혼한 여자를 아내로 취해도 아무런 문제가 되지 않는다. 5:32b의 삭제는 이혼한 여자를 아내로 맞으려는 남자의 권리를 보장해주는 셈이 된다. 결국 5:32b의 삭제는 이혼의 문제에서 남성이 유리하도록 만들기 위한 것이라고 해석할 수 있다.

이렇게 기독교 남성 지도자들은 성경의 본문을 수정해가면서 여성의 지위를 낮추고자 노력해왔다. 성경의 원문과 원래 취지를 복원하는 데 있어서 이 사실을 충분히 숙고해야 할 것이다.

***

지금까지 신약성경이 만들어지고 각색되는 과정을 살펴보았다. 가장 중요한 사실은 성경의 저자 가운데 단 한 명도 자신이 쓴 글이 성스러운 경전이라고 감히 여기지 않았다는 것이다. 그들은 교회에 전해 내려오던 여러 전승을 자신의 신학에 맞추어 편집했다. 때로는 예수를 '부드러운 남자'로, 때로는 '완벽한 신'으로 만들기 위해서 기존의 자료에 변경을 가하기도, 자기가 믿고 따르는 지도자의 권위를 높일 목적으로 본문을 수정하고 새로운 전승을 만들어내기도 했다.

또한 신약성경에 포함될 문서들은 오랫동안 성경으로 인정받지 못했다. 초기 기독교 신자들에게 하느님의 거룩한 말씀은 2세기 중반까지도 오로지 구약성경뿐이었다. 신약성경의 문서들은 제작된 뒤 100년 이상 동안이나 신앙의 참고자료에 지나지 않았던 것이다. 그래서 많은 초기 기독교 신자들은 너무나 당연하게도, 필사하는 과정에서 이 참고자료의 내용을 변경할 수 있다고 생각했다. 때문에 신약성경의 본문은 수없이 수정되었으며 여러 문서가 하나로 묶이기까지 했다. 그렇기에 신약성경은 '일점일획도 바꿀 수 없는 신성한 문서'가 아니라 인간이 만들고 관리해온 '텍스트'다. 예수나 바오로의 참된 가르침을 올바로 알고 이해하기 위해서는 물론 신약성경을 수없이 읽고 또 읽어야 한다. 하지만 신약성경이라는 텍스트에 쓰여 있는 한 구절 한 구절을 글자 그대로 믿고 따르는 것은 어리석음이요 맹신에 불과하다.

참고문헌

본문의 각 장은 아래 문헌을 참고했다. 각 문헌의 서지정보는 뒤의 문헌목록에서 확인할 수 있다.

프롤로그

6쪽   '없음'으로 표시된 성경 구절은 장동수(2008).

7쪽   신약성경 저자들의 자기이해는 김득중(2006), p. 25.

8쪽   〈루가 복음서〉 10:32의 누락은 장동수(2005), p. 86. / 필사 중 변개의 원인과 형태는 사공병도(2011). / 〈요한 복음서〉 17:15의 변개는 Gregory& Tuckett(2005).

9쪽   초기 기독교 필사자들은 사공병도(2011), p. 34. / 그리스 로마 시대의 필사 관행은 Hill&Kruger(2014), pp. 268~270.

10쪽   신구약성경의 필사 중 오류는 이성덕(2007), p. 32. / 본문 12쪽의 초기 기독교의 필사 관행에 관한 알란드 남매로부터의 인용은 Aland&Aland (1988), p. 290. / 신약성경 필사본 종수는 Andrews& Wilkins(2017), p. 111. / 필사자들의 많은 오류에 대한 오리게네스의 지적은 바트 어만, 민경식 옮김(2006), p. 109에서 재인용

11쪽   논란이 있는 원문의 표기는 장동수(2005), p. 128.

1장

20쪽 에라스무스가 이용한 필사본은 Goeman(2016), p. 73; 조승규(2011) p. 44.

21쪽 에라스무스의 '기만행위'는 루돌프 파이퍼, 정기문 옮김(2011), p. 124. / 에라스무스에서 공인본문의 탄생까지는 박창환(1997). / 공인본문 시대의 종결은 장동수(2005), pp. 97~98.

22쪽 파피루스 사본은 사공병도(2011), pp. 20~21.

23쪽 옥시린쿠스 사본은 Epp(2004), pp. 12~13; Luijendijk(2010).

24쪽 근대적 성경 비평의 배경은 이은재(2003), p. 70. / 본문 22쪽의 역사 비평 연구 방법론의 의미에 관해서는 김득중(1990), p. 46에서 인용

25쪽 토마스 아이켄헤드의 죽음은 Graham(2008), p. 90. / F. 바우르의 성경 연구 방법론은 이은재(2003), pp. 87~88. / W. 브레데의 기여는 Burkett(2002), p. 161.

26쪽 '메시아의 비밀'은 Perry(1997), p. x . / 〈마르코 복음서〉저자의 베드로 높이기는 정기문(2016), pp. 20~22.

27쪽 작가로서의 성경 저자는 김득중(1997), pp. 438~439, 445. / 성경 연구 방법론으로서의 서사 비평은 마크 포웰, 이종록 옮김(1993). / 인간의 텍스트로서의 성경은 정승우(2007), p. 26.

29쪽 〈루카 복음서〉 22:43~44의 필사본 연구는 Hill&Kruger(2014), pp. 123~124. / 〈루카 복음서〉 22:43~44를 삭제한 성경은 Blumell(2014), p. 2. / 〈루카 복음서〉 22:43~44의 진정성은 Stewart(2011), pp. 163~164.

30쪽 〈요한 복음서〉 7:53~8:11의 필사본 연구는 Elliott&Moir(1995), p. 40; 장동수(2005), p. 25. / 영어 성경에서 〈요한 복음서〉 7:53~8:11는 제임스 로빈슨, 소기천 외 옮김(2009), p. 96.

31쪽 〈요한 복음서〉 7:53~8:11의 진정성은 Stewart(2011), pp. 163~164. / 〈요한 복음서〉 21장의 삽입은 Brown(1997), pp. 374~376; Gamble(1997), p. 108. / 〈마르코 복음서〉 16:9~20의 진정성은 Roetzel(1998), pp. 103~104; 배종수(2006).

1장의 비평적 성경 연구의 발전 부분은 정기문, 〈인간의 텍스트로서 신약 성경〉 (2018)의 내용을 정리함.

2장

35쪽 복음서 저자의 성격은 하워드 키이, 서중석 옮김(1999), pp. 142, 186, 217~218, 251.

36쪽 사복음서 저자의 결정 과정은 Hengel(2000), p. 50; Childs(2008), p. 220. / '가짜 제목'은 Burton(1989), pp. 6~7. / 복음서 사본의 현황은 Comfort(2005), p. 9; 민경식(2008), pp. 69, 139. / 사복음서와 파피루스 사본은 장동수(2005), p. 47.

37쪽 교부들의 복음서 인용에 관해서는 송혜경(2009), pp. 18~24. / 파피아스와 유스티노스의 복음서 인용에 관해서는 Cosgrove(1982), p. 209.

38쪽 복음서들 간 내용의 차이는 Ehrman(2009), p. 102; Stewart(2011).

40쪽 복음서에 나타나는 지리적 오류는 W. 큄멜(1988), pp. 97~100; Funk(1988), pp. 4~6. / 복음서에 나타나는 관습상의 오류는 Sandoval (2010), p. 91.

41쪽 '예수가 사랑하는 제자'와 〈요한 복음서〉 저자의 관계는 DeConick(2002), p. 183.

42쪽 복음서의 주요 관심사는 Talbert(1977). / 복음서 제목의 기이함은 Ehrman(2001), p. 42. / 사복음서 외 복음서들의 제목은 Wallace(2011), p. 196.

44쪽 〈클레멘스 1서〉의 산상설교는 Koester(1990), pp. 66~67. / 초기 기독교 문헌과 복음서의 일치도는 Jefford(2006), pp. 138~141.

45쪽 사복음서에 대한 이레나이우스의 기여는 Ehrman(2001), pp. 43~44. / 복음이라는 단어의 어원은 John Dickson(2005), pp. 212~213.

46쪽 '아버지의 뜻이 땅 위에서도 하늘에서처럼 땅 위에서도 이루어지기를 바랍니다'는 정양모 역주(1993), p. 61. / 복음이라는 단어가 통용되던 의미는 Koester(1982), pp. 13~14.

47쪽 고대의 책 제목 표기 방식은 Gathercole(2013), p. 72. / 파피루스 사본

4의 제목 표기는 Comfort&Barrett(2001), pp. 53~54. / 초기 기독교 필사본에서의 제목 표기 방식은 Gathercole(2013), pp. 37~38. / 사복음서 제목의 획일성은 Tobin(2009), p. 233. / 〈마르코 복음서〉와 〈마태오 복음서〉의 저자가 마르코와 마태오가 아니라고 진술한 개론서는 김득중(2006), p. 90; 김경희 외(2002), p. 225.

48쪽 구약 시대 유대 문헌의 익명성은 윌리엄 슈니더윈드, 박정연 옮김(2006), p. 25; Baum(2008), pp. 127~129.

49쪽 〈히브리인에게 보낸 서간〉의 제목은 김동주(2017), p. 20. / 〈히브리인에게 보낸 서간〉에 관한 논란은 Hiebert(2003), p. 16.

50쪽 고대 학교의 훈련 방법은 MacDonald(1983), p. 55. / 고대의 위작 관행은 김경희 외(2002), p. 386.

51쪽 이소크라테스의 이름을 빌린 위작은 이소크라테스, 김헌 주해(2017), p. 26. / 〈베드로 복음서〉는 민경식, (2017), pp. 144~147; 민경식, (2017), p. 195.

52쪽 고대에 이루어진 광범위한 번개는 Mason(2002), p. 120.

2장 사복음서의 제목에 대해서는 정기문, 〈사복음서의 제목은 어떻게 정해졌을까?〉(2016)의 일부를 수정 정리함. '복음'의 의미와 변화에 대해서는 정기문, 〈'복음'이라는 단어의 채택과 의미 변화〉(2019)의 내용을 정리함.

3장

55쪽 〈마르코 복음서〉에 대한 〈마태오 복음서〉와 〈루카 복음서〉의 관계는 Kruger(2012), p. 33; McDonald(2009), p. 173.

56쪽 〈마르코 복음서〉와 〈마태오 복음서〉의 유사성은 폴 악트마이어 외, 소기천 외 옮김(2004), p. 95. / 〈마르코 복음서〉와 〈마태오 복음서〉의 단어상의 차이는 Tobin(2009), p. 253. / 〈루카 복음서〉와 〈마태오 복음서〉의 유사성은 Koester(1982), p. 315. / 〈루카 복음서〉와 〈마태오 복음서〉의 수난 장면의 차이는 Moss(2013), pp. 57~59. / 〈루카 복음서〉의 저자는 마크 포웰, 배용덕 옮김(1995), p. 34.

57쪽 '씨 뿌리는 자의 비유'에 대한〈루카 복음서〉의 서술은 김득중(1988), p. 81.

59쪽 '회당장 야이로의 딸' 일화에 대한〈마태오 복음서〉의 서술은 제임스 로빈슨, 소기천 외 옮김(2009), p. 75. / '회당장 야이로의 딸' 일화에 대한〈루카 복음서〉의 서술은 폴 존슨, 이종인 옮김(2012), p. 91.

62쪽 〈루카 복음서〉의 예수 묘사는 민경식(2017), pp. 125~126; 〈요한 복음서〉의 예수 묘사는 민경식(2017), pp. 158~159. / 〈디아테사론〉에 대한 에프렘의 논평은 Rendel(1895), p. 6.

64쪽 〈디아테사론〉은 Head(1992), pp. 123~125.

65쪽 '측은한 마음이 드시어'와 '화가 나시어' 논란은 Ehrman(2006), pp. 120~141. / 〈마르코 복음서〉에서 예수가 '화를 낸' 이유는 바트 어만, 민경식 옮김(2006), pp. 254~258.

66쪽 '화가 나시어'의 타당성은 신현우(2007), pp. 68~76; Jones(2007), pp. 72~74. / '측은한 마음이 드시어'로 뒤바뀐 과정은 Stewart(2011), pp. 26~27.

68쪽 "아버지, 저들을 용서해주십시오!"에 관한 필사본 연구는 Eubank(2010), pp. 522~524; Comfort&Barrett(2001), p. 562. / "아버지, 저들을 용서해주십시오!"의 전승은 Metzger(1994), p. 154.

69쪽 예수의 최후의 말에 대한 비교 분석은 김득중(2006), pp. 157~204. / 성경의 등장인물이 역사적 인물이 아니라 캐릭터라는 주장은 Davies(2006), p. 12. / 한글 성경의 〈요한 복음서〉 오역은 정현경(2013), p. 69.

4장

73쪽 레이몬드 브라운에 대해서는 게리 윌스, 권혁 옮김(2009), pp. 310~311.

74쪽 본문 70쪽의 이단에 관한 레이몬드 브라운으로부터의 인용은 Brown(1979), p. 80.

75쪽 에비온파에 대해서는 Luedemann(1989), p. 195.

76쪽 오리게네스의 이단 정죄는 탁명환(1986), pp. 26~28.

77쪽 기독교 내 이단에 대한 설명은 Ehrman(2009), pp. 237~239;

Turner(1954), pp. 19~26; 제프리 리처즈, 유희수 외 옮김(1999), p. 70.

78쪽 요세푸스가 바라본 기독교는 Pharr(1927), p. 138.

80쪽 본문 77쪽의 초기 교부들의 신학에 관한 필립 샤프로부터의 인용은 필립 샤프, 이길상 옮김(2004), pp. 568~569.

82쪽 '하느님의 아들'에 대해서는 카렌 암스트롱, 배철현 옮김(2013), p. 82.

83쪽 '제2의 하느님'에 대해서는 J. Engberg et al(2014). pp. 56~57; Goodenough(1923) p. 141, 역사신학연구회(2008), p. 38. / 유대주의자에 대해서는 Koester(2000), pp. 204~212; Elderen(1994), pp. 106~108.

84쪽 양자론자에 대해서는 제임스 던, 박문재 옮김(1991), pp. 403~409; 자로슬라브 펠리칸, 박종숙 옮김(1995), pp. 127~129; White(2004), pp. 408~410.

85쪽 〈마태오 복음서〉1:16의 변개는 Head(1993), pp. 116~117.

86쪽 〈루카 복음서〉 2:33의 변개는 Comfort(2005); Carson(1991), p. 328; Metzger(1994), p. 111, 장동수(2008), p. 91, 바트 어만&브루스 메츠거, 장성민 외 옮김(2009), pp. 370, 394. / 〈요한 복음서〉1:13의 변개는 Metzger(1994), p. 168.

87쪽 예수가 양자가 된 시점에 대한 다양한 의견은 Papandrea(2016), pp. 24~26. / 〈루카 복음서〉 3:22b의 변개는 Bithar(2009), p. 61.

88쪽 〈요한 복음서〉 1:18의 변개는 Comfort&Barrett(2001), pp. 389, 568. / 예수를 카리키는 단어를 하느님으로 바꾸는 현상은 바트 어만, 민경식 옮김(2006), p. 213. / 필사자들의 비의도적 변개 가능성은 바트 어만&브루스 메츠거, 장성민 외 옮김(2009), p. 348. / 예수를 신격화하려는 욕구는 Bart Ehrman(1993), pp. 47~99.

89쪽 〈마르코 복음서〉 13:32의 변개는 바트 어만&브루스 메츠거, 장성민 외 옮김(2009), p. 348. / 〈요한의 첫째 서간〉 5:7의 변개는 권동우(2016), p. 299, Schultz(2016), pp. 97~99.

90쪽 에라스무스의 문제 제기는 Goeman(2016), p. 74.

91쪽 킹 제임스 판본의 문제는 McDonald(2009), pp. 177~178; Wallace(2011), p. 21.

5장

95쪽   영지주의의 발생은 김요한(2002), pp. 271~272.

97쪽   영지주의자로서의 마르키온은 Kim Eui Hoon(2006), pp. 51~53. / 마르키온의 영향력은 White(2004), p. 410.

98쪽   영지주의와 가현설의 관계는 Papandrea(2016), pp. 45~73.

99쪽   〈마르코 복음서〉 1:9~11의 변개는 Ehrman(2005), pp. 140~143.

101쪽 〈루카 복음서〉 22:43~44의 변개는 Comfort&Barrett(2001), pp. 472, 558; Metzger(1994), pp. 151~152; Hill&Kruger(2014), p. 123. / 영어권 성경에서 〈루카 복음서〉 22:43~44의 수용 방식은 Blumell(2014), p. 2.

103쪽 예수의 죽음에 대한 정통 교회의 해석은 Moss(2013), p. 57. / 서방 사본과 원정통 교회에서 〈루카 복음서〉 22:43~44의 변개는 Metzger (1994), p. 100; Ehrman(1993), pp. 141~145.

6장

109쪽 본문 101쪽의 〈마르코 복음서〉 16:8에 관한 에우세비오스의 입장은 이수영(2011), p. 7에서 재인용 / 〈마르코 복음서〉 16:9~20에 대해서는 Wells (1988), p. 8.

111쪽 필사본들에 나타나는 〈마르코 복음서〉 16:8 뒷부분의 4개 유형은 Stein(2008) pp. 79~98.

113쪽 프리어 사본의 〈마르코 복음서〉 추가 문장은 민경식(2008), p. 13에서 재인용

114쪽 〈마르코 복음서〉 16:9~20의 발생은 Dunn&Rogerson(2003), p. 1103.

115쪽 〈마르코 복음서〉 1:1의 필사본 증거는 Winn(2008), p. 94. / 〈마르코 복음서〉 1:1의 삽입은 Ehrman(2006), pp. 149~154.

116쪽 고대의 '빈 무덤' 설화의 의미는 Talbert(1977), pp. 25~35.

118쪽 예수의 빈 무덤에 대한 역사가의 최근 설명은 김기흥(2016), pp. 297~298.

119쪽 공연용으로 쓰인 고대의 전기는 Leo(1901); Adams(2013), p. 77.

7장

124쪽 간통 아닌 강간의 가능성은 박노훈(2012), p. 69.

125쪽 〈요한 복음서〉 7:53~8:11의 진정성은 제임스 로빈슨, 소기천 외 옮김(2009), p. 96; Stewart(2011), pp. 163~164. / 〈요한 복음서〉 7:53~8:11의 사본 증거는 Elliott&Moir(1995), p. 40; 장동수(2005), p. 25.

126쪽 '간음하다 잡힌 여자' 이야기의 사본 증거와 성경 본문 내 다양한 위치는 김부수(2018), pp. 3~6. / '간음하다 잡힌 여자' 이야기의 진정성은 Parker(2008), pp. 342~343; 바트 어만, 민경식 옮김(2006), pp. 129~132.

127쪽 〈사도 전승〉에 나타나는 '간음하다 잡힌 여자' 이야기는 Knust&Wasserman(2019) pp. 1~8. / '간음하다 잡힌 여자' 이야기의 다양한 버전은 Klijn(1991), p. 117. / 〈히브리인의 복음서〉에 대해서는 민경식(2017), pp. 119~122.

128쪽 '간음하다 잡힌 여자' 이야기와 〈히브리인의 복음서〉는 Kok(2017), pp. 34~35.

129쪽 〈요한 복음서〉의 종결부는 Kanagaraj(2013), p. 205.

132쪽 '예수가 사랑하는 제자'에 대한 다양한 견해는 서중석(1991); 김경희 외(2002), p. 429; 박호용(2007), pp. 21~22.

133쪽 '예수가 사랑하는 제자'와 베드로의 관계는 김득중(1994), p. 191; 김동수(2003), pp. 159~160. / 예수의 후계자로서의 요한은 서중석(2007), p. 260; 김득중(2006), pp. 119~121; 김득중(2016), pp. 158~159.

136쪽 〈요한 복음서〉 21장의 후대 삽입은 Brown(1997), pp. 374~376; Porter&Pitts(2018), pp. 154~155.

8장

139쪽 바오로에 대한 역사적 평가는 Nock(1964), p. 25.

140쪽 바오로 서간 목록은 Crossan&(2004), pp. 105~106.

141쪽 〈테살로니카 신자들에게 보낸 첫째 서간〉의 집필 연대는 Koester(2007), pp. 15~23. / 진정서간의 집필 연대는 김경희 외(2002), pp. 306~307. / 바오로 서간의 장편화는 Porter(2004), p. 202.

143쪽 바오로가 코린토 신자들에게 보낸 편지들의 재구성은 프레드릭 브루스, 박문재 옮김(1992), pp. 288~301.

145쪽 〈코린토 신자들에게 보낸 둘째 서간〉이 6개 편지글의 편집이라는 서술은 김득중(2006), pp. 248~249. / 〈필리피 신자들에게 보낸 서간〉의 편집은 Koester(2007), pp. 72~74. / '테살로니카 신자들에게 보낸 첫째, 둘째 서간'의 편집은 박익수(1994), pp. 29~31. / 〈로마 신자들에게 보낸 서간〉 16장의 후대 삽입은 Koester(2007), p. 253.

147쪽 〈로마 신자들에게 보낸 서간〉의 사본 현황은 김경희 외(2002), p. 374. / 〈로마 신자들에게 보낸 서간〉 15, 16장의 후대 삽입은 김득중(2006), pp. 258~260.

148쪽 마르키온이 지녔던 〈로마 신자들에게 보낸 서간〉은 Gamble(2006), p. 209. / 〈로마 신자들에게 보낸 서간〉 15, 16장에 대한 교부 문헌의 증거는 Das(2007), p. 14.

149쪽 〈로마 신자들에게 보낸 서간〉의 편집은 Das(2007), pp. 10~11. / 〈로마 신자들에게 보낸 서간〉 9~11장의 문제는 Boismard,(2004), p. 46.

150쪽 진정서간과 목회서간의 문체와 시대 배경의 차이는 Hincks(1897), pp. 111~117. / 목회서간의 신학은 Aegeson(2004), pp. 20~22.

151쪽 폴리카르포스의 목회서간 인용에 관해서는 Metzger(1987), p. 62; Bird&Dodson(2011), p. 59. / 마르키온의 정경 수정 작업은 Metzger(1987), pp. 93~94.

152쪽 목회서간에 대한 사본 증거는 Bird&Dodson(2011), p. 20. / 목회서간의 기독론은 Aegeson(2004), pp. 20~22.

154쪽 코린토 지역의 주택 규모는 Dunn(2009), pp. 607~608; Hurtado(1999), p. 41. / 코린토 교회의 신자 수는 박익수(1994), pp. 56~57; Adams et al(2004), pp. 10~11; Dunn(2003), p. 74; 이연수(2011), p. 134. / 성직 위계 확립 시대로 나아가는 중간 단계로서 목회서간은 Childs(2008), pp. 156~157.

155쪽 진정서간의 관심사는 Brown(1984), pp. 33~36. / 진정서간과 목회서간의 바오로의 차이는 마커스 보그&존 크로산, 김준우 옮김(2010), pp. 24~25; Bae HyunJu(2006), p. 7. / 여성 신자에 대한 바오로의 태도는 제임스 던, 박문재 옮김(2003), p. 779.

156쪽 여성 사도 유니아에 대해서는 Ehrman(2006), p. 252. / 여성에 대한 목회서간의 태도는 Burkett(2002), p. 440; Lüdemann(1996), p. 137.

157쪽 목회서간의 가부장주의는 선희정(2000), pp. 33~40. / 바오로의 여성관에 대한 목회서간의 수정은 Porter(2004), p. 16; White(2004), p. 429; 김원자(2001), ·p. 63. / 진정서간의 내용상의 오류는 김경희 외(2002), pp. 414~415.

8장의 신약 서간들의 길이에 관한 도표는 http://catholic-resources.org/Bible/NT-Statistics-Greek.htm을 참조함.

9장

162쪽 〈코린토 신자들에게 보낸 첫째 서간〉 14:34~35의 후대 삽입에 대한 바티칸 사본의 증거는 Payne(1995), pp. 252~260.

164쪽 〈코린토 신자들에게 보낸 첫째 서간〉 14:34~35에 대한 교부 문헌의 증거는 Payne(1995), pp. 246~248.

166쪽 〈코린토 신자들에게 보낸 첫째 서간〉 14:34~35에 대한 현대 학자들의 입장은 Roetzel(1998), pp. 182~183; 바트 어만, 민경식 옮김(2006), pp. 337~340; Adams&Horrell(2004), p. 35. / 〈코린토 신자들에게 보낸 첫째 서간〉 14:34~35의 단어 분석은 Walker(2004), pp. 228~233. / 개별 바오로 서간의 진정성에 대한 논의는 Walker(2004), pp. 191~194; 김경희 외(2002).

167쪽 초기 기독교 서간들의 일반화된 변개 관행은 Metzger(1987), p. 124. /

'진짜' 바오로와 '가짜' 바오로의 문체상의 차이는 Ehrmann(2013), pp. 184~185.

168쪽 도미틸라 카타콤베의 지워진 여인은 Pederson(2006), p. 21.

169쪽 성경의 남성 우월주의에 대한 페미니스트 신학자들의 태도는 Lancaster (2002), pp. 1~14. / 초기 기독교 시대 여성의 활동은 수잔네 하이네, 정미현 옮김(1998), pp. 91~96; Crossan&Reed(2004), p. ⅹⅲ.

170쪽 진정서간과 목회서간의 여성관의 차이는 Borg&Crossan(2009), pp. 29~31. / 초기 기독교 지도자들의 여성 폄하 이유는 Jeffers(2007), pp. 122~123.

171쪽 〈사도행전〉 17:4의 변개는 바트 어만, 민경식 옮김(2006), p. 342.

172쪽 님파의 성별에 대한 사본 증거는 Metzger(1994), p. 560. / 님파의 성별에 대한 현대의 학자들과 성경 편찬자들의 입장은 Westerholm(2011), pp. 268~275; Meyers et al(2001), p. 133. / 님파의 성별에 대한 오리게네스의 입장은 Huttner(2013), p. 95; Edebe(2012), p. 32.

173쪽 '그녀의 교회'에 대한 기독교 남성 지도자들의 거부감은 Westerholm(2011), pp. 268~275. / 유니아가 사도로 불렸을 가능성은 박정수(2004), p. 135.

174쪽 유니아의 성별에 대한 혼동은 Brooten(1977), pp. 141~142. / 남성형 유니아스가 쓰였을 가능성은 황영자(2004).

175쪽 유니아가 남성이라는 아이기디우스의 진술은 Denaux(2002), pp. 253~254. / 근대 초의 기독교 내 남성 중심주의는 Pederson(2006), p. 21.

177쪽 서방 사본의 프리스카와 아퀼라라는 이름 순서 변경은 Camps& Heimerdingerp (2004), pp. 27, 31; Metzger(1994), pp. 466~467. / 베자 사본의 프리스카와 아퀼라라는 이름 순서 변경은 Stichele& Penner(2005), p. 261. / 베자 사본의 지체 높은 그리스 여성들과 남성들의 어순 변경은 Witherington(1984), pp. 82~84.

178쪽 베자 사본의 다마리스 삭제는 Hamilton et al(2006), pp. 214~215. / 〈마태오 복음서〉 5:32b의 생략은 Collins(1992) pp. 148~149.

179쪽 〈마태오 복음서〉 5:32b의 생략의 성적 편향성은 Witherington(1984), p. 84.

9장의 〈코린토 신자들에게 보낸 첫째 서간〉 14:34~35의 삽입에 대한 부분은
정기문, 〈2세기 이후 중세까지 이루어진 여성 폄하를 위한 성경 본문 변개〉
(2015)의 내용을 정리함.

저자의 저서와 논문

정기문, 〈2세기 이후 중세까지 이루어진 여성 폄하를 위한 성경 본문 변개〉,
　　《서양중세사연구》, 35, 2015.
_____, 《그리스도교의 탄생》, 길, 2016.
_____, 〈사복음서의 제목은 어떻게 정해졌을까?〉, 《서양고대사연구》, 44,
　　2016.
_____, 〈인간의 텍스트로서 신약 성경〉, 《동국사학》, 64, 2018.
_____, 〈1세기 후반 바오로 계승자들의 활동〉, 《이화사학연구》, 56, 2018.
_____, 〈'복음'이라는 단어의 채택과 의미 변화〉, 《역사와 담론》, 91, 2019.

해외 저서와 논문

Aegeson, J., "The Pastoral Epistles, Apostolic Authority, and the
　　Development of the Pauline Scriptures", in *The Pauline Canon*,
　　Porter, S.(ed.), Society of Biblical Literature, 2004.

Adams, E. & Horrell, E.(eds.), *Christianity at Corinth: The Quest for the
　　Pauline Church*, Westminster John Konx Press, 2004.

Adams, S., *The Genre of Acts and Collected Biography*, Cambridge University
　　Press, 2013.

Aland, Kurt. & Aland, B., *The Text of New Testament, Rhodes*, F.(trans.),
　　Eerdmans, 1988.

Andrews, E., *The Complete Guide to Bible Translation: Bible Translation
　　Choices and Translation Principles*, Christian Publishing House,
　　2016.

Andrews, E. & Wilkins, D., *The Text of the New Testament : The Science and
　　Art of Textual Criticism*, Christian Publishing House, 2017.

Bae HyunJu, "Paul, Roman Empire and Ekklesia", *Bulletin of the
　　Commission on Theological Concerns*, 22-2, 2006.

Bauckham, R., "Papias and Polycrates on the Origin of the Gospel of John",

The Journal of Theological Studies, 44-1, 1993.

Baum, A., "The Anonymity of the New Testament History Books: A Stylistic Device in the Context of Greco Roman and Ancient Near Eastern Literature", *Novum Testamentum*, 50, 2008.

Bird, M. & Dodson, J.(eds.), *Paul and the Second Century*, (London: Bloomsbury, 2011.

Bithar, A., *Jewish Christianity*, PublishAmerica, 2009.

Blumell, L., on "Luke 22:43-44: An Anti-Docetic Interpolation or an Apologetic Omission?", *A Journal of Biblical Textual Criticism*, 19, 2014.

Boismard, M., "Paul's Letter to the Laodiceans", in *The Pauline Canon*, Porter, S.(ed.), Society of Biblical Literature, 2004.

Borg, M. & Crossan, J., *The First Paul: Reclaiming the Radical Visionary Behind the Church's Conservative*, Harper One, 2009.

Brooten, B., 'Junia...Outstanding among the Apostle(Romans 16:7.', in *Women Priests: A Catholic Commentary on the Vatican Declaration*, L. Swidler & A. Swidler(eds.), 1977.

Brown, R., *The Community of the Beloved Disciple*, Paulist Press, 1979.

_____, R., *The Churches the Apostles Left Behind*, Paulist Press, 1984.

_____, R., *An Introduction to the New Testament*, Yale Univ. Press, 1997.

Burkett, D., *An Introduction to the New Testament and the Origins of Christianity*, Cambridge, 2002.

Camps, J. & Heimerdingerp, J., *The Message of Acts in Codex Bezae*, T&T Clark International, 2004.

Carson, D., *The Gospel According to John*, Apollos, 1991.

Childs, B., *The Church's Guide for Reading Paul*, William B. Eerdmans, 2008.

Collins, R., *Divorce in the New Testament*, Michael Glazier, 1992.

Comfort, P., *Encountering the Manuscripts*, B&H Academic, 2005.

Comfort, W. & Barrett, D.(eds.), *The Text of the Earliest New Testament Greek Manuscripts*, Tyndale House, 2001.

Cosgrove, C., "Justin Martyr and the Emerging Christian Canon: Observations on the Purpose and Destination of the Dialogue with Trypho", *Vigiliae Christianae*, 36−3, 1982.

Crossan, J. & Reed, J., *In Search of Paul*, HarperSanFrancisco, 2004.

Das, A., *Solving the Romans Debate*, Fortress Press, 2007.

Davies, P., *In Search of 'Ancient' Israel*, Continum, 2006.

DeConick, A., "The Original Gospel of Thomas", *Vigiliae Christianae*, 56−2, 2002.

Delobel, F., *New Testament Textual Criticism and Exegesis*, Peeters, 2002.

Dickson, J., "Gospel as News: ευαγγελ− from Aristophanes to the Apostle Paul", *New Testament Studies*, 51, 2005.

Dunn, J., *Beginning from Jerusalem*, William Eerdmans 2009.

Dunn, J.(eds.), *The Cambridge Companion to St. Paul*, Cambridge. Univ. Press, 2003.

Dunn, J. & Rogerson, J., *Eerdmans Commentary on the Bible*, Eerdmans, 2003.

Edebe, A., *Your Women Did Prophesy*, Xlibris, 2012.

Ehrman. B., *The Orthodox Corruption of Scripture: The Effect of Early Christological Controversies on the Text of the New Testament*, Oxford University Press, 1993.

_____, *Jesus : Apocalyptic Prophet of the New Millennium*, Oxford University Press, 2001.

_____, *Peter, Paul & Mary Magdalene: The Followers of Jesus in History and Legend*, Oxfrod University Press, 2006.

_____, *Studies in the Textual Criticism of the New Testament*, Brill, 2006.

_____, *Jesus, Interrupted : Revealing the Hidden Contradictions in the Bible*, New York, 2009.

_____, *Forgery and Counterforgery: The Use of Literary Deceit in Early Christian Polemics*, Oxford Univ. Press, 2013.

Elderen B., "Early Christianity in Transjordan", *Tyndale Bulletin*, 45−1, 1994.

Elliott, K. & Moir, I., *Manuscripts and the Text of the New Testament*, T&T Clark, 1995.

Engberg, J. et al.(eds.), *In Defence of Christianity*, Peter Lang, 2014.

Epp, E., "The Oxyrhynchus New Testament Papyri: 'Not without Honor Except in Their Hometown' [Mark 6:4]?", *Journal Biblical Literature*, 123, 2004.

Eubank, N., "A Disconcerting Prayer: On the Originality of Luke 23:34a", *Journal of Biblical Literature*, 129-3, 2010.

Funk, R. et al., *The Parables of Jesus: Red Letter Edition*, 1988.

Gamble, H., *Books and Readers in the Early Church: A History of Early Christian Texts*, Yale University Press, 1997.

_____, "Marcion and the 'Canon'", in *The Cambridge History of Christianity*, Mitchell, M. et al.(eds.), Cambridge University Press, 2006.

Gathercole, S., "The Earliest Manuscript Title of Matthew's Gospel", *Novum Testamentum*, 54, 2012.

_____, "The Titles of the Gospels in the Earliest New Testament Manuscripts", *Zeitschrift für die neutestamentliche Wissenschaft*, 104, 2013.

Goeman, P., "The Impact and Influence of Erasmus's Greek", *Unio cum Christo*, 2-1, 2016.

Goodenough, E., *The Theology of Justin Martyr*, Frommann, 1923.

Graham, M., *Blasphemies of Thomas Aikenhead,* Edinburgh University Press, 2008.

Gregory, A. & Tuckett, C.(eds.), *The Reception of the New Testament in the Apostolic Fathers*, Oxford University Press, 2005.

Hamilton, M. et al.(eds.), *Renewing Tradition: Studies in Texts and Contexts in Honor of James W. Thompson*, Wipf & Stock, 2006.

Head, P., "Tatian's Christology and Its Influence on the Composition ofthe Diatessaron," *Tyndale Bulletin*, 43, 1992.

_____, "Christology and Textual Transmission: Reverential Alterations in the

Synoptic Gospels", *Novum Testamentum*, 35-2, 1993.

Hengel, M., *The Four Gospels and the One Gospel of Jesus Christ*, Bowden, J.(trans.), Trinity Press, 2000.

Hincks, E., "The Authorship of the Pastoral Epistles", *Journal of Biblical Literature*, Vol. 16, No. 1/2, 1897.

Hiebert, E., *An Introduction to the New Testament, Vol. 1*, Gabriel Publishing, 2003.

_____, *An Introduction to the New Testament, Vol. 2*, Gabriel Publishing, 2003.

Hill, C. & Kruger, C.(eds.), *The Early Text of the New Testament*, Oxford University Press, 2014.

Holmes, M., "Women and the Western Text of Acts", in *the Book of Acts as Church History : Text, Textual Traditions and Ancient Interpretations*, Nicklas, T. & Tilly, M.(edS.), Walter de Gruyter, 2003.

Hurtado, L., *At the Origins of Christian Worship*, William B. Eerdmans, 1999.

Huttner, U., *Early Christianity in the Lycus Valley*, Brill Academic Pub., 2013.

Jeffers, J., *Conflict at Rome: Social Order and Hierarchy in Early Christianity*, Fortress Press, 2007.

Jefford, C., *The Apostolic Fathers and the New Testament*, Baker Academic, 2006.

Jones, T., *Misquoting Truth: A Guide to the Fallacies of Bart Ehrman's Misquoting Jesus*, IVP Books, 2007.

Kanagaraj, J., *John: A New Covenant Commentary*, Lutterworth, 2013.

Kaiser, W., *The Christian and the Old Testament*, William Carey Library, 1998.

Klijn, A., *Jewish-Christian Gospel Tradition*, Brill, 1991.

Kok, M., "Did Papias of Hierapolis Use the Gospel according to the Hebrews as a Source?", *Journal of Early Christian Studies*, 25-1, 2017.

Koester, H., *History and Literature of Early Christianity*, Walter de Gruyter, 1982.

_____, *Paul and His Worlds: Interpreting the New Testament in Its Context*, Fortress Press, 2007.

Kruger, M., *Canon Revisited: Establishing the Origins and Authority of the New Testament Books*, Crossway, 2012.

Knust, J. & Wasserman, T., *To Cast the First Stone: The Transmission of a Gospel Story*, Princeton University Press, 2019.

Lancaster, S., *Women and the Authority of Scripture: A Narrative Approach*, Trinity Press International, 2002.

Leo, F., *Die griechisch-römische Biographie nach ihrer litterarischen Form*, Teubner, 1901.

Luijendijk, A., "Sacred Scriptures as Trash: Biblical Papyri from Oxyrhynchus", *Vigiliae Christianae*, 64−3, 2010.

Lüdemann, G., *Opposition to Paul in Jewish Christianity*, Boring, E.(trans.), Fortress Press, 1989.

_____, *Heretics: The Other Side of Early Christianity*, Bowden, J.(trans.), Westminster John Knox Press, 1996.

Mack, B., *Who Wrote the New Testament*, HarperOne, 1989.

MacDonald, D., *The Legend and the Apostle: The Battle for Paul in Story and Canon*, Westminster John Knox Press, 1983.

Mason, S., "Josephus and his Twenty−Two Book Canon", in *The Canon Debate*, McDonald, L. & Sanders, J.(eds.), Hendrickson Publishers, 2002.

McDonald, L., *Forgotten Scriptures*, Westminster John Knox, 2009.

Metzger, B., *The Canon of the New Testament*, Clarendon, 1987.

Metzger, B., *Textual Commentary on the Greek New Testament*, Deutsche Bibelgesellschaft, 1994.

Meyers, C. et al.(eds.), *Women in Scripture: A Dictionary of Named and Unnamed Women in the Hebrew Bible, the Apocryphal/ Deuterocanonical Books, and the New Testament*, Wm. B. Eerdmans

Publishing Company, 2001.

Milavec, A., *The Didache: Text, Translation, Analysis, and Commentary*, Liturgical Press, 2003.

Moss, C., *The Myth of Persecution*, HarpeOne, 2013.

Nock, A., *Early Gentile Christianity and its Hellenistic Background*, Harper Torchbooks, 1964.

Papandrea, J., *The Earliest Christologies: Five Images of Christ in the Postapostolic Age*, IVP Academic, 2016.

Parker, D., *New Testament Manuscripts and Their Texts*, Cambridge University Press, 2008.

Payne, P., *Man and Woman, One in Christ: An Exegetical and Theological Study of Paul's Letters*, Zondervan, 2009.

_____, "Fuldensis, Sigla for Variants in Vaticanus, and 1 Cor 14.34~5", *New Testament Studies*, 41, 1995.

Pearson, B., "1 Thessalonians 2:13-16: A Deutero-Pauline Interpolation", *The Harvard Theological Review*, 64-1, 1971.

Pederson, R., *The Lost Apostle: Searching for the Truth About Junia*, Jossey-Bass, 2006.

Perry, J., *Exploring the Messianic Secret in Mark's Gospel*, Sheed & Ward, 1997.

Pharr, C., "The Testimony of Josephus to Christianity," *American Journal of Philology*, 48-2, 1927.

Porter, S.(ed.), *The Pauline Canon*, Society of Biblical Literature, 2004.

Porter, S. & Pitts, A.(eds.), *Christian Origins and the Establishment of the Early Jesus Movement*, Brill, 2018.

Rendel, H., *Fragments of the Commentary of Ephrem Syrus upon the Diatessaron*, C. J. Clay and Sons, 1895.

Roetzel, C., *The Letters of Paul*, Westminster John Knox, 1998.

Sandoval, C., *Can Christians Prove the Resurrection?: A Reply to the Apologists*, Trafford, 2010.

Schultz, Ted., *The Advent Movement: The Spirit of Prophecy and Rome's*

Trojan Horse, Dog Ear Publishing, 2016.

Stein, R., "The Ending of Mark", *Bulletin for Biblical Research*, 18−1, 2008.

Stewart, R.(eds.), *The Reliability of the New Testament*, Fortress, 2011.

Stichele, C. & Penner, T.(eds.), *Her Master's Tools?: Feminist and Postcolonial Engagements of Historical-Critical Discourse*, Society of Biblical Literature, 2005.

Talbert, C., *What is a Gospel?: The Genre of the Canonical Gospels*, Fortress Press, 1977.

Taylor, J., "The Phenomenon of Early Jewish−Christianity: Reality or Scholarly Invention?", *Vigiliae Christianae*, 44−4, 1990.

Tobin, P., *The Rejection of Pascal's Wager*, Authors OnLine, 2009.

Tuckett, C., "Luke 22, 43~44: The 'Agony' in the Garden and Like's Gospel", in *New Testament Textual Criticism and Exegesis*, Denaux, A.(ed.), Leuven University Press, 2002.

Turner, H., *The Pattern of Christian Truth: A Study of the Relations between Orthodoxy and Heresy in the Early Church*, Wipf & Stock, 1954.

Walker, W., "Interpolations in the Pauline Letters", in *The Pauline Canon*, Porter, S.(ed.), Society of Biblical Literature, 2004.

Wallace, D., *Revisiting the Corruption of the New Testament*, Kregel, 2011.

Wells, G., *The Historical Evidence for Jesus*, Prometheus Books, 1988.

Westerholm, S.(ed.), *The Blackwell Companion to Paul*, Wiley Blackwell, 2011.

White, M., *From Jesus to Christianity*, HarperSanFrancisco, 2004.

Winn, A., *The Purpose of Mark's Gospel: An Early Christian Response to Roman Imperial Propaganda*, Mohr Siebeck, 2008.

Witherington, B., "The Anti−Feminist Tendencies of the Western Texts in Acts", *Journal of Biblical Literature*, no. 103, 1984.

국내 저서와 논문

권동우, 《킹제임스 성경 유일주의의 망상- 역사와 사본학으로 파헤치는 킹제임스 흠정역 성경》, 기독교문서선교회, 2016.

김경희 외, 《신약성경개론- 한국인을 위한 최신 연구》, 대한기독교서회, 2002.

김기흥, 《역사적 예수》, 창비, 2016.

김동수, 〈요한 복음의 베드로와 사랑하는 제자- 적인가 동지인가?〉, 《복음과 신학》, 6, 2003.

김동주, 〈기독교 교부들의 히브리서 저자에 관한 논쟁〉, 《신학과 사회》, 31-3, 2017.

김득중, 《복음서의 비유들》, 컨콜디아사, 1988.

_____, 〈역사비평 이전과 이후의 성경해석〉, 《신학과 세계》, 21, 1990.

_____, 《요한의 신학》, 컨콜디아사, 1994.

_____, 〈편집 비평적 해석학〉, 《해석학과 윤리》, 2, 1997.

_____, 《신약성경개론》, 컨콜디아사, 2006.

_____, 《주요 주제를 통해서 본 복음서들의 신학》, 한들, 2006.

_____, 《초대 기독교와 복음서》, KMC, 2016.

김문현, 〈바오로의 대필자 사용에 관한 소고〉, 《신약연구》, 9-1, 2010.

김부수, 〈간음하다 붙잡힌 여자 사화 (요한 7,53~8,11)의 재해석을 통한 요한복음서 7~8장 전체의 내적 연속성에 대한 고찰〉, 부산가톨릭대학교 석사학위논문, 2018.

김요한, 〈히폴뤼토스의 영지(γνωστζ)와, 철학의 발생학적 연결에 관한 비판〉, 《범한철학》, 27, 2002.

김원자, 〈사도 바오로의 가정 교회 연구〉, 서강대학교 석사학위논문, 2001.

민경식, 〈초기 신약성경 단편사본 연구방법에 대한 고찰〉, 《신약논단》, 제12-1호, 2005.

_____, 《신약성경 우리에게 오기까지》, 대한기독교서회, 2008.

_____, 〈《베드로 복음》의 예수 이야기〉, 《신약논단》, 24-1, 2017.

_____, 〈예수와 초기그리스도교의 다양성〉, 《Canon&Culture》, 11-1, 2017.

_____, 〈초기그리스도교 복음서들의 정경화와 비정경화〉, 《한국사상사학회》,

55, 2017.

박노훈, 〈성경번역의 난제에 관한 해석학적 고찰 –신약성경을 중심으로〉, 《대학과 선교》, 23, 2012.

박익수, 《바오로의 서간들과 신학 Ⅰ》, 대한기독교서회, 1994.

박정수, 〈초기기독교의 권위구조의 변화〉, 《한국기독교신학논총》, 제31집, 2004.

박창환, 〈텍스투스 레셉투스의 정체(正體)〉, 《성경원문연구》, 1, 1997.

박호용, 《요한 복음 재발견》, 쿰란출판사, 2007.

배종수, 〈디아테사론에 의한 막 16:9~20의 진정성에 대한 논증〉, 《신학과 선교》, 32, 2006.

사공병도, 〈신약성경 본문비평의 이해와 전망– 오늘날 신약성경 본문비평이 처한 위기 속에서'일관성에 근거한 계보적 방법론'이 지니는 의의를 중심으로〉, 대구가톨릭대학교 석사학위논문, 2011.

서중석, 〈요한 복음의 베드로와 사랑하는 제자〉, 《신학논단》, 19, 1991.

＿＿＿, 《바오로서간해석》, 대한기독교서회, 1998.

＿＿＿, 《복음서의 예수와 공동체의 형태》, 이레서원, 2007.

선희정, 〈초기 교회의 제도화 과정에 나타난 가부장주의 연구〉, 이화여자대학교 석사학위논문, 2000.

송혜경, 《신약 외경 상권– 복음서》, 한남성경연구소, 2009.

＿＿＿, 《신약 외경 하권– 행전, 서간, 묵시록》, 한남성경연구소, 2011.

신현우, 〈사본학과 성경 번역– 〈마르코 복음서〉를 중심으로〉, 《성경과 신학》, 41, 2007.

역사신학연구회, 《삼위일체론의 역사》, 대한기독교서회, 2008.

이성덕, 《이야기 교회사》, 살림, 2007.

이수영, 〈마가복음의 긴 종결구(막 16:9-20) 연구– 누가–행전과의 신학적 연속성을 중심으로〉, 한세대학교 석사학위논문, 2011.

이연수, 〈사도행전과 바오로 서간에 나타난 가정 교회 연구〉, 가톨릭대학교 박사학위논문, 2011.

이은재, 〈성경에 대한 역사비평 방법론의 전개와 그 과제〉, 《한국개혁신학》, 14, 2003.

장동수, 《신약성경 사본과 정경》, 침례신학대학교출판부, 2005.

_____, 〈텍스투스 레켑투스와 신약성경 번역〉, 《성경원문연구》, 23, 2008.

정승우, 《인류의 영원한 고전- 신약성경》, 아이세움, 2007.

정헌경, 〈요한 복음서의 여성제자들〉, 서강대학교 석사학위논문, 2013.

조경철, 〈바오로는 국가 권력에 순종하라고 가르치는가〉, 《神學과 世界》, 90, 2017.

조승규, 〈에라스무스의 필사본들과 인쇄된 최초의 헬라어 성경〉, 《성경대로 믿는 사람들》, 2011-12, 2011.

탁명환, 《기독교 이단 연구》, 국제 종교 문제 연구소, 1986.

황영자, 〈Accent 하나!- 유니아(롬 16:7)에 대한 고찰〉, 총신대학교 석사학위 논문, 2004.

허승일 외, 《인물로 보는 서양고대사》, 길, 2006.

Kim Eui Hoon, A Study on the Heresiological Understanding of Marcon on Sinope, 《대학과 복음》, 12, 2006.

국내 번역서

게리 윌스, 《예수의 네 가지 얼굴》, 권혁 옮김, 돋을새김, 2009.

루돌프 파이퍼, 《인문정신의 역사》, 정기문 옮김, 길, 2011.

마커스 보그&존 크로산, 《첫 번째 바울의 복음》, 김준우 옮김, 한국기독교연구 소, 2010.

마크 포웰, 《서사 비평이란 무엇인가?》, 이종록 옮김, 한국장로교출판사, 1993.

마크 포웰, 《누가복음 신학》, 배용덕 옮김, CLC, 1995.

바트 어만, 《성경 왜곡의 역사》, 민경식 옮김, 청림출판, 2006.

베르너 큄멜, 《신약정경개론》, 박익수 옮김, 대한기독교출판사, 1988.

바트 어만&브루스 메츠거, 《신약의 본문》, 장성민 외 옮김, 한국성경학연구소, 2009.

수잔네 하이네, 《초기 기독교 세계의 여성들》, 정미현 옮김, 이화여자대학교 출 판부, 1998.

윌리엄 슈니더윈드, 《성경은 어떻게 책이 되었을까》, 박정연 옮김, 에코리브르,

2006.

이소크라테스, 《그리스 지도자들에게 고함》, 김헌 주해, 서울대학교출판문화
　　원, 2017.

자로슬라브 펠리칸, 《고대교회 교리사》, 박종숙 옮김, 크리스챤 다이제스트,
　　1995.

정양모 역주, 《열두 사도들의 가르침 – 디다케》, 분도, 1993.

제임스 로빈슨, 《예수의 복음서》, 소기천 외 옮김, 대한기독교서회, 2009.

제임스 던, 《바울 신학》, 박문재 옮김, 크리스챤 다이제스트, 2003.

제프리 리처즈, 《중세의 소외집단》, 유희수 외 옮김, 느티나무, 1999.

폴 악트마이어 외, 《새로운 신약성경 개론》, 소기천 외 옮김, 대한기독교서회,
　　2004.

필립 샤프, 《교회사 전집 2 – 니케아 이전의 기독교》, 이길상 옮김, 크리스챤다
　　이제스트, 2004.

카렌 암스트롱, 《성경 이펙트》, 배철현 옮김, 세종서적, 2013.

폴 존슨, 《예수 평전》, 이종인 옮김, RHK, 2012.

프레드릭 브루스, 《바오로》, 박문재 옮김, 크리스챤다이제스트, 1992.

하워드 키이, 《신약성경 이해》, 서중석 옮김, 한국신학연구소, 1999.

교회가 가르쳐주지 않은
성경의 역사

1판 1쇄 찍음 2020년 6월 3일
1판 2쇄 펴냄 2022년 1월 19일

지은이   정기문
펴낸이   김정호
펴낸곳   아카넷

주소   10881 경기도 파주시 회동길 445-3 2층
전화   031-955-9512(편집) · 031-955-9514(주문)
팩스   031-955-9519

출판등록 2000년 1월 24일(제406-2000-000012호)
www.acanet.co.kr

ISBN 978-89-5733-679-3 03230

도서의 국립중앙도서관 출판예정도서목록(CIP)은
서지정보유통지원시스템 홈페이지(http://seoji.nl.go.kr)와
국가자료공동목록시스템(http://www.nl.go.kr/kolisnet)에서 이용하실 수 있습니다.
(CIP제어번호: CIP2020018855)